昭和の品格
クラシックホテルの秘密

山口由美

新潮社

雲仙観光ホテルのメインダイニングルームは天井高約5メートル、広さ約200畳。昭和10年の創業時から、外国人避暑客や国内外の賓客を迎え入れてきた

もくじ

＊写真説明中のしるしは、それぞれ、
U＝雲仙観光ホテル
G＝蒲郡クラシックホテル
K＝川奈ホテル
Y＝ホテルニューグランド
T＝東京ステーションホテル
をあらわしています。

雲仙観光ホテルのダイニングルームの窓辺。豊かな自然に包まれて、柔らかな光が差し込むひととき

プロローグ

クラシックホテルとは何か。

「歴史あるホテル、そして、時を重ねた建物をいまなお現役として使い続けているホテル」と記したのは『百年の品格 クラシックホテルの歩き方』の冒頭だった。

それらを「百年ホテル」と命名し、タイトルを『百年の品格』としたのは、富士屋ホテル、日光金谷ホテル、万平ホテル、奈良ホテルという、百年以上の歴史を持つ四軒のホテルをとりあげたからである。

でも、日本のクラシックホテルはほかにもある。

百年という条件は、クラシックホテルの必要条件では決してない。実際、「なぜうちのホテルは入っていないんですか」と問われたことも幾度となくあった。そのたびに「百年ホテル」のポリシーを説明したが、後の時代に続くクラシックホテルも網羅しなければ、という想いが長くあった。

しかし、なかなか実現しなかった背景に、次の本にまとめるホテルを選ぶ基準を見つけあぐねていたことがあった。

そうしたところ、二〇一七年十一月、「日本クラシックホテルの会」という組織が発足したのである。加盟条件として掲げられたのが、第二次大戦前に創業した日本のホテルで創業当時の経営指針が継承されていること、第二次大戦前に建設された建物を維持(改修、復原も含む)、現在も営業を続けていること、などだった。

これらの条件に合致した加盟ホテルは全九軒。『百年の品格』の四軒に加えて、本書でとりあげた五軒、すなわち東京ステーションホテル、ホテルニューグランド、蒲郡クラシックホテル、川奈ホテル、雲仙観光ホテルである。

左／雲仙観光ホテルのスイートルームのランプ。創業当時はダイニングルームに使われていた U
右／川奈ホテルのダイニングルームの壁を飾るステンドグラス K

このラインナップを見て、『百年の品格』の続編ともいうべき、この本の構想が立ち上がったのだった。東京ステーションホテルだけが大正四（一九一五）年創業だが、残りはいずれも昭和初期の創業である。激動の昭和は、日本のクラシックホテルが、独自の魅力を創りあげていった時代に重なる。

昭和が、明治と異なるのは、日本という国の立ち位置だと思う。

日露戦争に勝利し、東洋のエキゾティックな小国から、植民地支配の続くアジアの新興独立国として存在感を高めていく。観光業は、そうした日本を宣伝するツールとして位置づけられた。そして、大都市や有名観光地以外の全国各地にホテルが開業する。山岳ホテルやゴルフリゾートなど、新たなジャンルのホテルも誕生した。そして、エピソードには、戦争をめぐる時代の光と影が交錯する。

二〇二〇年の東京オリンピック開催を前に、日本のホテルや旅館は大きな時代の節目を迎えている。外資系のホテルブランドが次々と開業、今後も計画が目白押しだ。民泊新法や旅館業法の改正もあって、新しいジャンルの宿泊施設も次々と生まれている。ＳＮＳの普及などで、旅のかたちや旅に求めるものも、かつてないほど変化している。

その中で、日本のクラシックホテルを選ぶ意味は何なのだろう。

その問いに、ある回答をくれた三十代の夫婦がいた。

若いクラシックホテルファンは、ウェディングがきっかけであることが多い。一生に一度の晴れ舞台に唯一無二の場所を探すうち、クラシックホテルに行きつくのは、何となくわかる気がする。歴史を重ねたホテルは、何よりフォトジェニックでもある。

彼らも例外ではなく、クラシックホテルで披露宴をあげたことがきっかけで、その魅力にはまっていったという。

クラシックホテルの最大の魅力は「決してなくならない場所」であることだと言う。思い出の場所がなくなってしまうのは悲しい。人生の節目ごとに泊まったり、食事に訪れたりしたい。そう考えた時、最近流行のゲストハウスや結婚式場はおのずと候補から外され、最新の外資系ホテルも除外されたという。何十年後に同じように存在する可能性は限りなく低い、と思ったのだそうだ。

本当のことを言えば、クラシックホテルだって、未来永劫存続する保証はどこにもない。だが、歴史を重ね、都市や地域を象徴する存在になったクラシックホテルは、何らかの事情で経営が終わっても、また別の会社が経営を継承することが多い。

蒲郡クラシックホテル（旧蒲郡ホテル）と川奈ホテルは、その典型である。文化財などであることが、存続につながるということもあるだろう。だが、何より長い年月、特別な場所として存在した事実がオーラとなって、歴史を継続させる運命を招き入れるのではないか、と私は思う。

クラシックホテルは、どの国であっても特別なものだけれど、日本の場合は、ホテルのスタイルを海外から学んだからこそ、ホテルが一般的でなかった時代、プライドと誇りを持って、旅館ではなく、ホテルであることにこだわり続けた。

その矜持が建築やデザインにあり、料理にあり、サービスにある。そして、時代を超えて、それらが継承されることにつながった。欧米のクラシックホテルと比べて、日本のクラシックホテルが、より保守的に昔ながらのスタイルを守っている理由でもある。

今一度、日本のクラシックホテルの魅力を探る旅に出かけたい。

蒲郡クラシックホテル、客人を待つ桜の間にて

第一章

リゾートのクラシックホテル

ようこそ日本。昭和初期、国を挙げて外国人客を誘致しようと初のホテルブームが湧き起る。屈指の避暑地や景勝地に誕生し、今もその歴史と佇まいとホスピタリティを伝える三つの正統的〝リゾートホテル〟へ。

雲仙観光ホテル

UNZEN KANKO HOTEL

東洋と西洋が
ダイナミックに調和する、
花のようなホテル

木々に包まれた石畳のアプローチの奥に建つ1935（昭和10）年創業の雲仙観光ホテル。赤い切妻屋根と太い丸太組みが目を引く、スイスシャレー様式だ U

客船をイメージした、長く広々としたロビー。柱や極太の梁で支えられた空間は、重厚にして優美。あたたかみに溢れているU

右上／落ち着いた色調のロビーを引き立てる花は、週に一度、テーマを変えて生けられる　左上／館内で唯一の時計。約80年、ロビーの一角で振り子を振り続ける　右下／ロビーを照らす唐草模様の施されたランプは創業時からのもの
左下／時を経て艶光りする中央階段。東南アジアから運んだ硬木材が用いられ、当時の職人が手斧削りを施した

右上／モダンなステンドグラスが美しいビリヤード室。図書室とともに、創業時に存在した空間イメージを2008年に再現した　左上／1500冊余りの書籍、雑誌が並ぶ図書室。シックな家具はすべて神戸の老舗・永田良介商店（永田家具）製　右下／壁紙にウィリアム・モリスのデザインを採用した温泉浴室入口。「婦人用」とは色違い　左下／ドーム型の天井やアールデコ調のタイル装飾の温泉浴室。自然湧出の自噴の硫黄泉で掛け流し。雲仙の恵みを堪能できる

上／全39室の客室は一つとして同じ部屋はない。スタンダードからスイートまで、創業当時の面影を伝える落ち着いた空間だ。こちらはモリスのフルーツの壁紙が配された314号室、オリエンタルツイン。木製の仕切りが中国風　右下／スイート205号室のドアノッカー。外国人客仕様で、ドアノブとともにかなり高い位置についている。温泉地のため硫黄分で黒ずまぬように毎日丹念に磨く　左下／客室のバスタブはすべて猫足。こちらは205号室。各室また違った雰囲気の猫足バスタブが備えられている

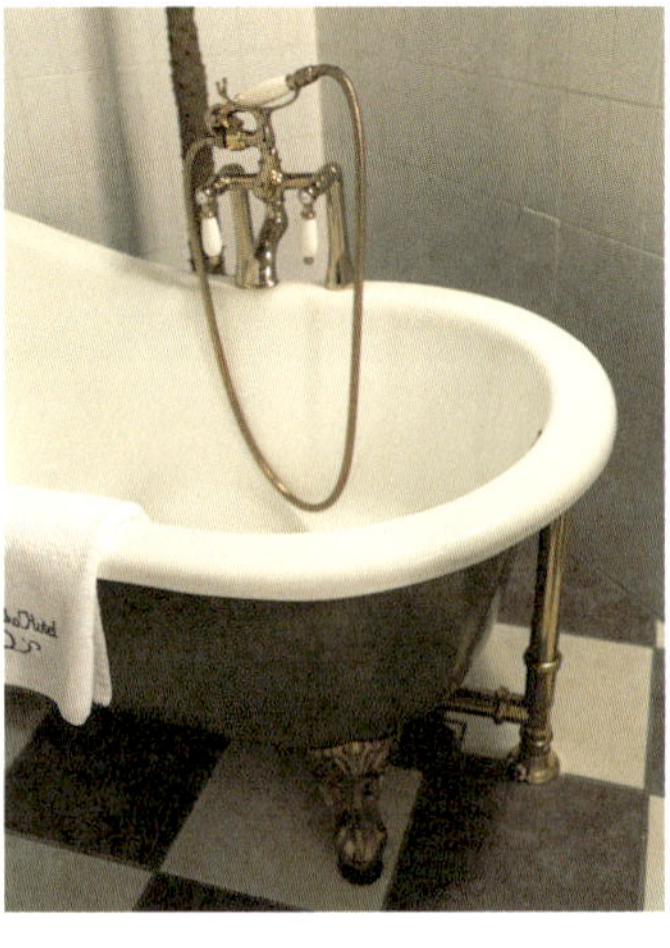

上／太い梁や柱とモリスの壁紙が調和して居心地良い309号室、プレミアムツイン　右下／ルームキーは昔ながらの持ち重りのするもの。ガチャリと廻して、重厚なドアを開ける瞬間も楽しみたい　左下／設えられた机のランプもアンティーク調。314号室にて

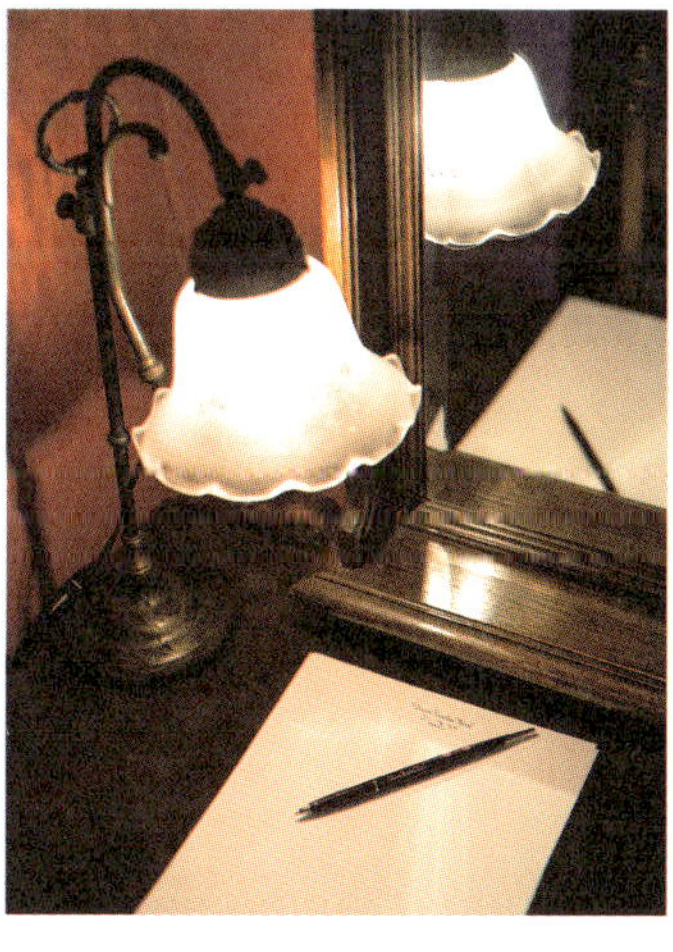

静かに夜を迎える雲仙観光ホテル。1938年に訪れたハンガリー文化使節のメゼイ博士は、「東洋的であり、西洋的であり、しかも何ら不自然さがない」と讃えたという

ダイニングで味わうディナーのフランス料理は、雲仙ならではの旬の食材を用いている。肉は、島原市の島原和牛、五島市の地鶏、大村市の無薬豚、南島原市の鹿肉など。魚は、橘湾や有明海、五島灘であがる春夏秋冬の魚介をふんだんに。野菜や果物もすべて、島原市や諫早市などの地場産

蒲郡クラシックホテル

GAMAGORI CLASSIC HOTEL G

三河湾の眺めを
独り占めできる〝お城〟

愛知・三河湾に浮かぶ竹島側からホテルを望む。高台に建つ城郭風建築の外観は、1934（昭和9）年の創業時から変わっていない G

お城のようなホテルに一歩入ると、アールデコ調の装飾が随所に配されたロビーが広がる。格調高く落ち着いた雰囲気に包まれる　左頁／ロビーのエントランス部は2階まで吹き抜けになっている。見上げると、天井のレリーフ、シャンデリアのデザインに魅せられる G

右上／重厚な造りでありながら、開放的な趣のエントランス。海からの光と風を感じる　左上／2階のラウンジ越しに竹島を望む。灯ともし頃の眺めは、また格別　右下／階段の踊り場の壁にはめ込まれた、大きなステンドグラス。シンプルな文様が美しい　左下／廊下の一角に備えられた小さな座敷。かつてはここで客室係がお茶を点て、到着した客人をもてなしたとか

右上／三河湾と竹島を眼下に見下ろすバルコニー。お茶やケーキを楽しめる　左上／宴会場の桜の間。アールデコ様式のインテリアで統一された端正でモダンな空間だ　下／創業当時の雰囲気がよく残されているロイヤルスイートルームのリビング（右）とベッドルーム（左）。全27の客室のうち唯一バルコニーがあり、朝な夕なに眺望を独占できる

和風庭園の池越しに見上げる姿は、まさにお城のよう。四季折々の表情を見せる広大な庭を散策できるのも、蒲郡クラシックホテルの魅力

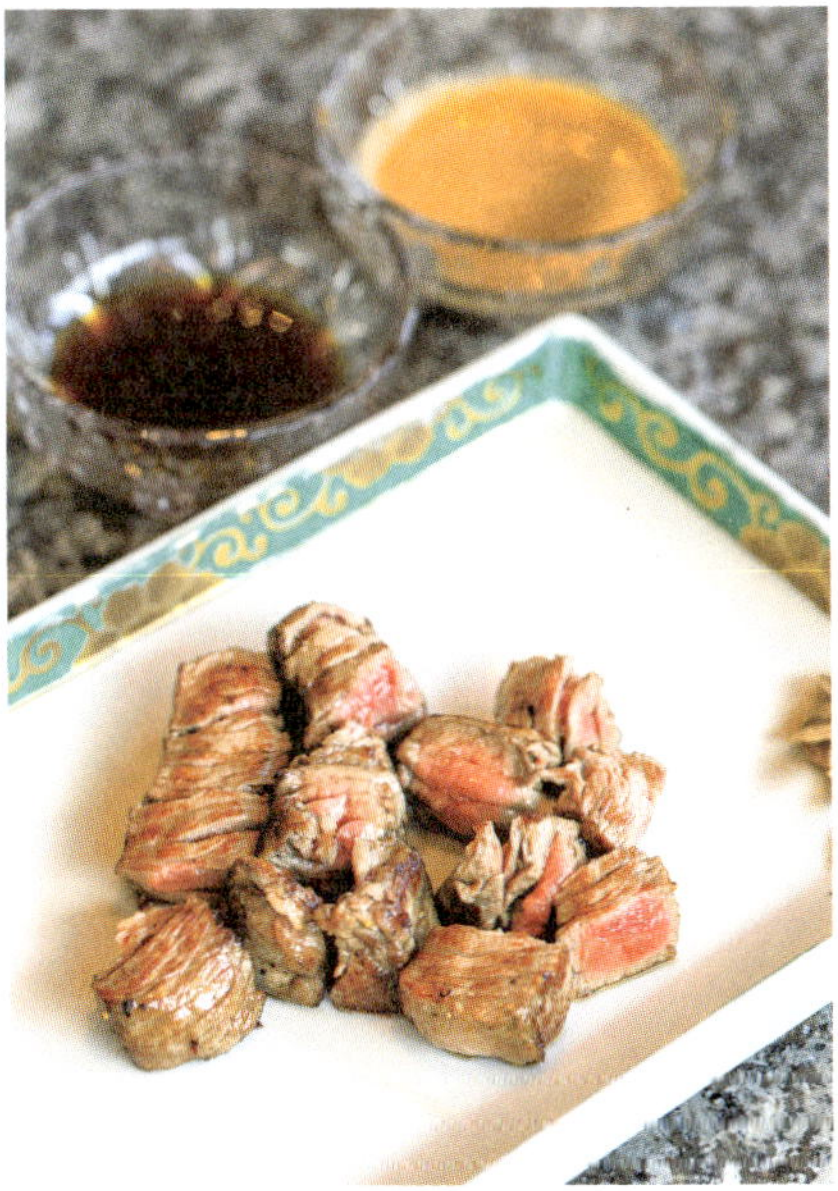

上／庭園の中に建つ料亭竹島のつつじの間。ホテルの前身の料理旅館「常磐館」の建物の一部で、大正9年築の純和風一軒家。現在は、粋を凝らした数寄屋造りの一室で地の素材を使った懐石料理を味わえる　下／同じく庭園内の六角堂では、三河湾の赤座海老をはじめ、地の魚介やみかわ牛の鉄板焼き（左）のランチをいただける。目の前で料理してくれたのは、平田辰吉シェフ（右）。六角堂はその名の通り六角形の建物。船大工や宮大工が腕を振るった造りで、常磐館時代は聚美堂と呼ばれていた

蒲郡クラシックホテルから見る竹島と海と空の風景は、一幅の絵のように美しい。時を忘れて眺めてほしい

川奈ホテル

KAWANA HOTEL K

海を望む名門ゴルフコースを
楽しみ、貴族のようにくつろぐ

オレンジ色の瓦屋根に白い壁。1936（昭和11）年創業、スパニッシュスタイルの川奈ホテルは、伊豆の青い空に美しく映える K

南欧リゾート風の外観に対して、中は中世ヨーロッパのお城風。2階まで貫かれた高い天井、太い梁、大理石を配した壁、巨大な暖炉、革張りのソファ。大きな窓からは海からの陽光。重厚な第一ロビーは、ここを訪れる人を深く包み込んでくれる K

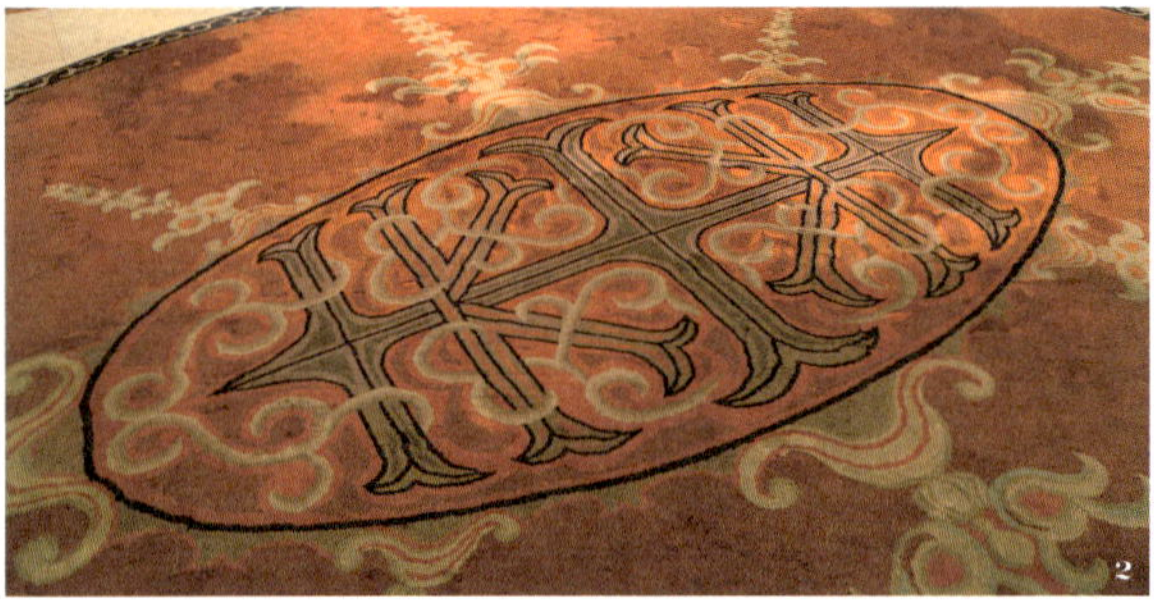

2

1

4

3

ロビーをはじめパブリックスペースは、創業者大倉喜七郎のイメージした貴族の館の内装やデザインで貫かれている。悪魔除けの紋章や海の生き物の彫り物など、さまざまな木彫、石彫、アイアンワークが随所にあるので、ぜひ探してみて 1)廊下に掲げられているレトロな文字デザインの看板 2)エントランスに敷かれた創業当時のオリジナル絨毯 3)第一ロビーの木彫装飾 4)第一ロビーの暖炉上のランプ 5)第一ロビーの暖炉周りの石彫装飾 6)入口扉、羊飼いのステッキとゴルフボールをデザインした把手 7)第二ロビーの暖炉上の石彫装飾 8)桜の間の〝ニセ暖炉〟の装飾 9)第一ロビーの木彫装飾 K

6

5

9

8

7

10）第一ロビーの暖炉上に掲げられた紋章　11）第一ロビーの木彫装飾　12）第二ロビーの暖炉上に置かれた西田明史作の彫刻「怪鳥を追ふ」　13）第一ロビーの木彫装飾　14）かつて婦人談話室として使われた桜の間のモダンなタイル　15）第一ロビーの暖炉前に置かれた、川奈ホテルのマーク（紋章）をかたどったアイアンワーク　16）第二ロビーに設えられたシネボックス。かつてここから映写機で映画などを上映した　17）第一ロビーの暖炉脇に置かれたファイヤーツール　18）第二ロビーの暖炉内に置かれたファイヤーツール K

川奈ホテルと言えば、世界中のゴルファーが憧れる名門コース。こちらは雄大な景色に圧倒される富士コース15番ホール。はるか右奥の高台にホテルが遠望できる K

右上／本館の2階と3階をつなぐ階段。柔らかな光を受ける静かな昼下がり　左上／1964（昭和39）年に増築された新本館。廊下の白壁は、職人が漆喰にひとつひとつ文様をつけた　右下／ベルデスクの奥がフロント。端正でモダンな空間になっている　左下／本館2階ライブラリーの一角には、クラシカルなライティングデスクが備えられている K

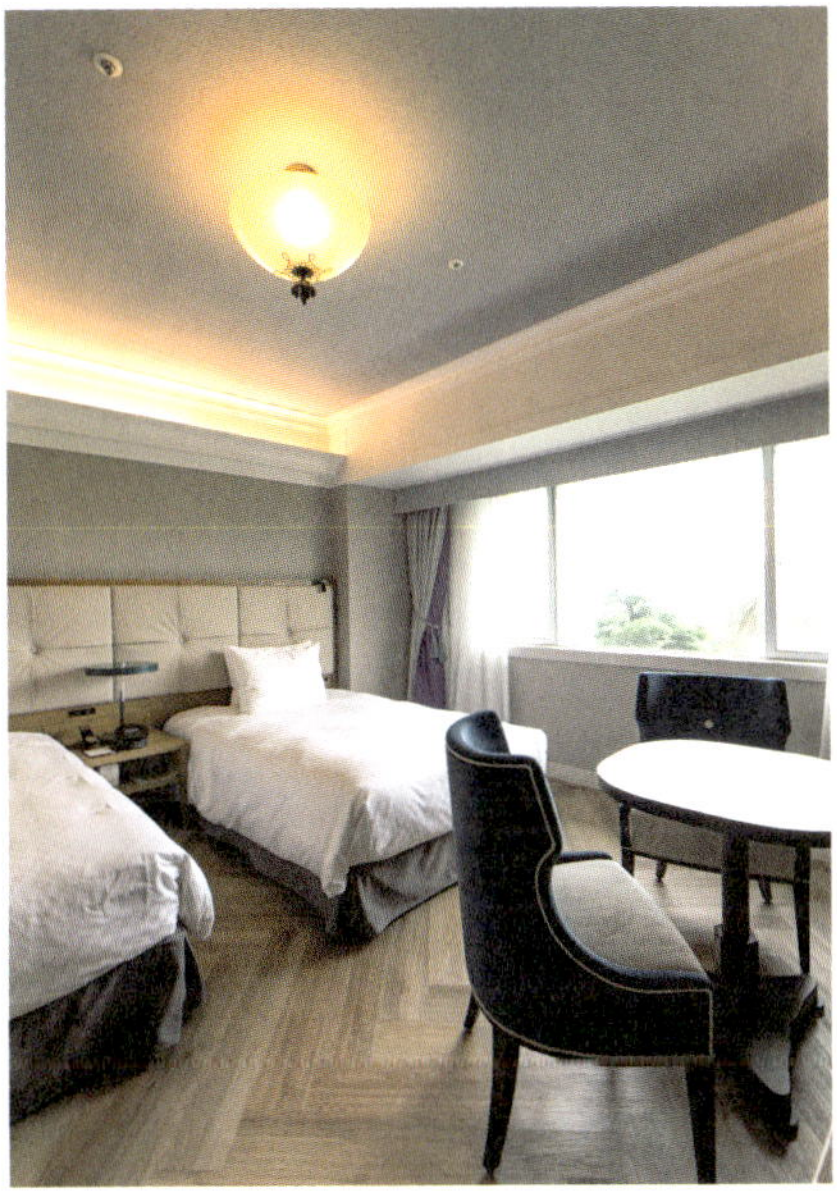

右上／新本館オーシャンビュースーペリアツインルーム。窓に向かって2台のベッドが配されていて、よりリゾート感が味わえる　左上／新本館オーシャンビューツインルーム。木の床が清々しく、落ち着いた雰囲気　右下／本館3階の312号室。調度やランプがシンプルモダンなデザインで居心地がいい　左下／本館300号室はコネクティングルームになっている角部屋。海に面しているのに、唯一この部屋からは富士山も望める K

右上／地下1階のグリルではカレーやハンバーグなどの伝統の洋食や和食も味わえる。奥の窓から、庭に建つ茅葺屋根の田舎家も見える　左上／イタリア製の貴重なオパールガラスや革張りの壁に囲まれたビリヤード場　右下／美しい弧を描くラウンジ。タイル貼りの円柱も見どころ。桜の木の床は硬く、コースから上がってそのままスパイクで入ってもOK　左下／クラシカルな朝食やディナーを味わえる、格式高いメインダイニングルーム。噴水やミュージックボックス、アイアンワークなど細部も見逃せない

海に向かってガラス張りの窓が円形を描くサンパーラーは、ゴルフリゾート、川奈ホテルの象徴の一つ。明るい光の中で、喫茶やランチを楽しめる K

美しきランドスケープとともに刻まれる記憶

日本の観光地は今、多くの外国人観光客であふれ、空前のインバウンドブームになっている。だが、実は戦前、日本が戦争に向かっていた時代にも、インバウンドブームがあったことをご存じだろうか。

二〇二〇年の東京オリンピックが起爆剤になっているように、当時も一九四〇（昭和十五）年に、結果として幻となる東京オリンピックの開催が決まり、盛り上がっていたことも共通する。

二〇〇八年に観光庁が設置されたように、戦前のインバウンドブームでも、一九三〇（昭和五）年に国際観光局という機関が創設された。

日本の公的機関が「観光」という言葉を使ったのは、これが初めて。日本の「観光」は、まさにこの時、始まったのである。

これから紹介する三軒のホテル、すなわち蒲郡クラシックホテル（旧蒲郡ホテル）、川奈ホテル、雲仙観光ホテルは、いずれも国際観光局がなければ開業しなかった。

今よりずっと、外国人のライフスタイルが日本の庶民のライフスタイルとはかけ離れていた時代、インバウンド政策の柱になっていたのが、外国人の泊まれるホテルを整備することだった。今でこそ、外国人は大喜びで寿司や刺身を食べ、畳の部屋に寝るが、戦前、いや戦後も一九八〇年代頃まで、外国人は生魚を嫌い、旅館も好まない人が多かった。だから、当時のインバウンド政策は、ホテル整備と直結していたのだ。

昭和初期、大都市や外国人に人気の観光地には、すでにホテルはあったけれど、地方にはホテルがほとんどなかった。そこで、国際観光局は、日本各地にホテルを整備し、外国人が日本周遊できるようにと考えたのだ。

では、なぜ昭和初期にインバウンドだったのだろうか。

今のインバウンドブームも当初は、長い景気低迷を受けて、観光という新たな産業に可能性を見出そうとしたところがあった。同じように、昭和初期にも深刻な産業構造の変化があった。明治以降、日本の経済を支えてきた生糸などの輸出が、国際価格の下落で低迷。日本の貿易収支は赤字になり、昭和恐慌へと追い詰められていった。そうした時代背景のなか、輸出に代わり外貨を獲得する政策として、インバウンドに白羽の矢が立ったのだ。

観光に目が向いた理由は何だったのか。

一つめは、鉄道省官僚などが海外に出向く機会ができ、欧米各国における観光業の状況を見聞きしたことがあったようだ。国を支える産業として、官僚が「観光」を意識するようになったことの意味は大きい。

二つめが交通網の整備である。一九二〇年代、スエズ運河経由の海路しかなかった極東とヨーロッパを結ぶルートに、シベリア経由の鉄道が加わった。二〇年代後半には、国際連絡運輸網が整備され、一枚の切符で東京とヨーロッパが結ばれるようになった。

さらに、昭和初期のインバウンド誘致には、今よりずっと切実な「ようこそジャパン」の機運があった。戦前の日本では、武力による大陸への進出で経済の低迷を打開しようとする動きがあったからだ。日本全体の世相で見れば、観光に対する期待より、大陸進出に対する期待のほうがずっと大きかったのではないか。

一九三一（昭和六）年、国際観光局が創設された翌年には満州事変、さらに翌年の一九三二年には上海事変が勃発、そして満州国が建国されている。同年五月には、五・一五事件がおき、リベラル派の政治家だった犬養毅が暗殺された。

日本の観光の黎明は、実は戦争の影が忍びよる暗い時代を背景にしていた。

軍部の暴走は、もはや止められない。大陸進出は日本の生命線とされ、批判できる状況ではなかった。そうしたなかで、せめて日本の美しさを知ってもらい、日本に好ましい感情を抱いてもらおう、という意図が、当時のインバウンドにはあったのだ。

それこそが、観光に注目した三つめの理由ではなかったかと私は思う。

観光は、平和産業である。国と国との間が平和でなければ、観光は成り立たない。

そして、多くの人がその国を訪れ、いい印象を持てば、その国に対する憎しみではなく、好ましい感情が生まれる。

一時期、対日感情の悪化が問題になった中国で、最近、一昔前のような事件を聞かないのは、多くの中国人が観光で日本を訪れ、楽しい体験をして、日本を好きになったことが大きいのではないだろうか。

戦前の観光に関わった日本人も、きっと観光を通して、海外の人たちに日本を理解し、日本を好きになってもらおうと思ったに違いない。

国をめぐる状況が崖っぷちだったからこそ、その想いは切実だったと思う。


国際観光局の特別融資の対象となったホテルは、昭和二年にすでに開業していたホテルニューグランドの増改築を除くと、すべて新規開業であり、融資先の地方自治体は九つの県、四つの市、一つの町におよぶ。昭和八年から十五年にかけて、開業したホテルの数は十四軒にのぼった。

昭和のクラシックホテルは、この制度抜きには語れない。

だが、日本クラシックホテルの会の定義、すなわち戦前の建物が残っていて今も営業に使われているということで区切ると三軒になってしまうのは、開業時の建物が残るホテルが少ないからである。

その意味でも、蒲郡クラシックホテル、川奈ホテル、雲仙観光ホテルは貴重なのだ。


富士屋ホテルの創業家に生まれた私の母親は、戦中戦後、ホテルの中で育つという特異な体験をした。

戦後、日本のホテルは、ほとんどが連合軍に接収され、都市のホテルは将校達の宿舎に、リゾートホテルは休暇を過ごすいわゆるレストホテルになった。占領期の日本、外の世界とは隔絶された接収ホテルで、彼女は少女時代を過ごしたのである。

私は、ホテルの中で育った訳ではなく、母親のように「わが家」という感覚を持ったことはない。で

日本の「観光」は、まさにこの時、始まったのである。

も、特異な体験をした母の娘であったことで、ホテルのライフスタイルが、わが家の生活には当たり前にあった。

たとえば、ナイフ、フォークを使って食事をすること、朝食にはベーコンエッグとかりかりに焼いたトーストを食べること、西洋式の水洗トイレを使うこと、ぴんと糊のきいたシーツをかけたベッドで眠ること。どれも今はともかく、私が子供だった昭和四、五十年代には日常的ではなかった。

だから、家族が国内旅行をする時、おのずと宿泊先はホテルになった。

そんなわが家にとって、家族旅行の定宿だったのが、旧蒲郡ホテルと川奈ホテルだったのである。

昭和三十三年秋、平成天皇ご成婚の半年前、父と母は蒲郡クラシックホテル（旧蒲郡ホテル）に新婚旅行で宿泊している。

クラシックホテルの昔からの顧客だった人たちに聞いてみると、その頃、新婚旅行先に蒲郡を選ぶことは、よくあることだったらしい。

まだ新幹線というものがなかった当時、首都圏からだと、伊豆、箱根より少し遠い蒲郡は、新婚旅行にちょうどいい距離感だったのだろう。

昭和三十五年に発表された三島由紀夫の『宴のあと』にも、主人公の新婚旅行先として、旧蒲郡ホテルが描かれている。

今も昔も、蒲郡という土地を印象づけるのは、三河湾の穏やかな海と、ホテルの真ん前に浮かぶ竹島だ。竹島の中央に祀られた八百富神社は、縁結びと子宝に御利益があるとされ、島に通じる橋も縁結びの橋とされている。そうした伝説も蒲郡が新婚旅行に好まれた理由だったのかもしれない。

蒲郡クラシックホテルは、絵に描いたようなクラシックホテルだ。

そう思う理由は、ほかの多くのホテルが増築や改築を重ね、迷路のように入り組み、クラシックホテルらしい建物と、そうでない建物が混在するのに対して、昭和九年に建てられた天守閣のような建物が唯一、堂々とそびえているからだと思う。

蒲郡クラシックホテルの前身「常磐館」での昭和11年のひとこま Ⓖ

城郭を思わせる建築は、昭和初期に流行した帝冠様式というスタイルである。

日本のクラシックホテルの特徴として、内観は西洋ふうなのに、外観が日本の寺社建築を思わせる点があげられる。だが、こうした建物が建てられたのは、ほとんどが昭和初期で、たとえば富士屋ホテルや日光金谷ホテルでも、明治期に建てられたものは、白い洋館ふうの建物が多い。

帝冠様式の代表作に、昭和九年に竣工した旧軍人会館（九段会館）や旧満州の公共建築があげられることを考えると、この建築様式は、ナショナリズムが台頭し、勇ましさをよしとした、昭和初期の時代背景ともリンクしていたことがわかる。

威風堂々たる城郭のようなクラシックホテルには、時代の光と影が交錯する。

庭には、ホテルよりも古い建造の料亭などが点在するのだが、緑に埋もれるこれらの建物は、ホテルの存在を邪魔しない。

竹島から振り返っても、こんもりした緑の中で、ホテルだけが君臨している。

川端康成の『旅への誘ひ』にもこんな記述がある。

〈丘の頂きのホテルは、北方の五井山の山々より高くそびえて見えた〉

しかし、お城のようにそびえていながら、客室数は全部で二十七室しかない。

日本のクラシックホテルの中でもひときわ小さい。

威風堂々とした外観、重厚で落ち着いたロビー。それらは、写真で見ると、とても大きく見えるのだけれど、実際は、かなりこぢんまりしている。

メインダイニングもそうだ。

竹島を見下ろす窓際の特等席も、二人掛けのテーブルが三つだけ。でも、そのこぢんまり感こそが、昔も今も、このホテルの魅力なのだろうと思う。

昭和五十五年以降、経営が二度変わり、ホテル名も二度変わったけれど、館内の雰囲気や設えは、日本のクラシックホテルの中で最も変わっていないかもしれない。

父と母の新婚旅行先であった旧蒲郡ホテル。しかし、久しぶりにページをめくってみたアルバムには、お互いの写真と竹島の写真ばかりで、ホテルの写真

威風堂々たる城郭のようなクラシックホテルには、時代の光と影が交錯する。

がほとんど見当たらなかった。しかも、客室らしき写真は、なぜか和室である。

竹島への橋に続く公園のそばには「海辺の文学記念館」があって、歴史に詳しい人がいるという。不思議に思って写真を見せると、こんな返事が返ってきた。

「もしかしたら、常磐館かもしれませんね」

常磐館は、一九一二（明治四十五）年に開業した、蒲郡クラシックホテルの前身となる料理旅館である。この旅館も含めた長いホテルの歴史を通じて、菊池寛や川端康成、谷崎潤一郎、三島由紀夫など、多くの文学者が蒲郡に逗留して執筆をした。それが、浜辺に文学館が立つ理由である。

常磐館の創業者は、名古屋の繊維商の滝兵、現在のタキヒヨーグループの五代目にあたる滝信四郎である。

社史『滝兵の歩み』に常磐館誕生の面白いエピソードが載っている。

もともと滝家は、蒲郡の海岸沿い一帯の景勝地に別荘を持っていた。ある時、社員のひとりが病気になった。そこで社長の信四郎は、別荘で療養するよう命じた。ところが、まもなくして信四郎自身も過労から体調を崩し、別荘で療養することになった。そんな折、誰かがこんな進言をしたというのである。

〈自然相手の静養も良いが、大工などの仕事をするところを眺めていると、一層病気が早く治ると〉

ならばと、信四郎は、この地で新しい普請をしようと思い立つ。

〈一般公衆の利用出来る設備をし、これを公開すれば大衆が喜び、延いては町の発展にもなる〉と考えて建設したのが、料理旅館だったという。

そうして、毎日大勢の大工が働く姿を見るうちに、信四郎の病気も治り、同じく別荘で療養を続けていた社員も快方に向かい、開業した常磐館を任されることになった。その社員、三村二時は、後に蒲郡ホテルの総支配人も務め、勲章まで賜ったという。

にわかに信じがたい不思議な物語があって、常磐館は生まれたことになる。

つくづくクラシックホテルというのは、不思議な装置だと思う。

常磐館の周辺には、その後、別館、射的、ピンポン、ビリヤード、映画館などの娯楽施設が次々と建てられ、一大レジャーランドになっていった。竹島と結ぶ橋も信四郎の功績で完成した。

そして、国際観光局創設のタイミングを迎えることになる。

当時、候補地として名乗りをあげた自治体は全国各地におよんだという。

信四郎は、眺望の範囲が狭いと言われると、「川端康成の作品にも描かれた山、五井山に登れば、富士山まで見渡せる」と反論したそうだ。

こうして国際観光局が特別融資を行う「国際観光ホテル」の第一号となる。

開業当初は「蒲郡観光ホテル」と称していたようだ。

「観光ホテル」というと、あまりぱっとしたイメージがしないが、同じ背景で生まれた雲仙観光ホテルも、創業以来、一貫して「観光ホテル」である。社史には「日本で最初の観光ホテル」と記されている。「観光」という単語自体が新鮮だったこの時代、「観光ホテル」は、今よりずっと、斬新でかっこいいイメージだったのである。

こうして一九三四（昭和九）年、蒲郡ホテルは開業したのだった。

庭園にある常磐館の歴史を伝える食事処のひとつ、六角堂では、ステーキやシーフードの鉄板焼きが楽しめる。サービスを取り仕切る野口義樹さんは、クラシックホテルにたいてい一人はいる歴史マニアで、常磐館の話にも詳しい。

鉄板焼きのテーブルを囲んで、壁いっぱいに常磐館を含む古写真や古地図が飾られていて、ランチョンマットには、ゆかりの文学作品の一節が印刷されていた。

これらもすべて野口さんの手によるものだという。

常磐館の面影は、庭の中にも残っている。

海辺に立っていた常磐館とホテルを結んだ渡り廊下にあったという礎石である。

「夢」「幸」「和」

おめでたい文字が多い。

新婚旅行が多かったからだろうかと想像をめぐら

せた。

その昔、父と母もここを歩いたのだろうか。もし宿泊したのが常磐館だったとすれば、きっと何度となく往復したに違いない。

蒲郡クラシックホテルを懐かしく感じるのは、私自身も何度となく訪れたからだが、なかでもよく覚えているのは、一度だけ、父と二人で泊まった時のことだ。

昭和五十三年に母が亡くなり、まもなくの時期だったと思う。

新婚の夜、二人きりの夜にとまどっていた十九歳の母に、父が落語をして笑わせたという微笑ましいエピソードを聞いたのは、その時だった気がする。

当たり前のように、遠い昔とほとんど変わらない空間があり、父はふと新婚時代を思い出したのだろう。それが、私の思い出となって記憶に残り、父の亡き今、なおも昔と変わらない空間で、彼らの記憶を重層的によみがえらせる。

つくづくクラシックホテルというのは、不思議な装置だと思う。

若いクラシックホテルファンが「決してなくならない場所」と称したのは、未来に向けての想像だったのだろうけれど、彼らより少し長く生きている私は、そのことの重みを、こうして実感として感じている。

ダイニングルームでの夕食は、牛フィレ肉のカツレツがメインのコース料理を頂いた。

池波正太郎の著書『よい匂いのする一夜』にある「ビーフカツレツ」を注文した記述に触発されて、再現したメニューだという。

薄くパセリとパン粉をまぶした牛フィレ肉は、カツというよりステーキの食感だった。

美味しい。

料理長がやってきて悪戯っぽく説明する。

「昭和の牛カツは、もっと違ったと思いますよ」

ノスタルジックなストーリーを生かしつつ、昔のままではない。今も歴史をつないでいるクラシックホテルの名物料理のレシピは、実はこうしたものが多い。昔のままの味を忠実に伝承しているのは、実は少数派らしい。

それでも日本のクラシックホテルは、海外のクラシックホテルほど大胆に料理を革新していない。伝統的なフランス料理のスタイルを、調理法もサービスもきちんと守りながら、現代人の好みに合わせて微調整する。

だから、私たちは、タイムスリップをする錯覚を楽しみつつ、幸せな美食の時間を堪能できるのである。

クラシックホテルのダイニングルームと言えば、山崎豊子の『華麗なる一族』の冒頭シーンを思い出す。

小説の舞台になったのは、志摩観光ホテルだが、年末年始、社会的地位と経済力のある家族が着飾ってホテルに集まる習慣は、『百年の品格 クラシックホテルの歩き方』にも書いたように、その昔、昭和のホテルでは、どこでも見られたものだった。

富士屋ホテルにおいて、かつて祖父や父は、もっぱらホストとして、そうした年末年始の華やかな宴に関わってきた。

外国人がほとんどだった明治から大正にかけてはクリスマスの夜に、昭和以降は元日の夜に、顧客が集まって記念写真を撮った。『華麗なる一族』では、家族だけが集まって写真を撮っていたが、富士屋ホテルでは、宿泊客が全員顔を揃えて写真に収まるのが長年のきまりごとだった。

富士屋ホテルの同族経営が終焉するまで、私たちはもてなす側で忙しかったから、もてなされる側として、家族で年末年始をホテルで過ごすことはなかった。

だが、嵐のような出来事が過ぎ去って、八十歳を過ぎた祖父は、ゆっくり家族と年末年始を過ごしたいと思ったのだろう、祖父が亡くなるまで、たぶんほんの数年だったと思うが、川奈ホテルで年末年始を過ごしたことがあった。

ゴルフリゾートとして有名な川奈ホテルは、年末年始を過ごす顧客もやはりゴルフ好きが多いという。だが、当時、祖父はもうゴルフをすることはなく、父と母もゴルフを嗜みはしたが、年末年始に彼らがプレイしたかどうかは覚えていない。家族が川奈ホテルを選んだ理由は、むしろ温暖な伊豆の気候だっ

ノスタルジックなストーリーを生かしつつ、昔のままではない。

たのではないかと思う。

私は幼すぎて記憶がないのだが、冬のコート姿で祖父母と庭で撮った写真があるから、ここで穏やかな時間があったのは間違いない。

私がよく覚えているのは、祖父が亡くなった後、小学生になってからの記憶である。

夏休み、敷地内に今も変わらずあるプールで泳いだこと。ホテルの前からゴルフコースにかけてなだらかに続く芝生に今もあるブランコで遊んだこと。久しぶりに訪れて、断片的な記憶が次々とよみがえった。

川奈ホテルは、日本で最初のゴルフコースを併設したリゾートホテルである。

ホテルが経営したゴルフコースとしては、富士屋ホテルが大正六年に開業した仙石ゴルフコースがあるが、ホテルのある宮ノ下とゴルフコースのある仙石原は、同じ箱根でも距離的に離れている。

ホテル開業前からあった「大島コース」は、文字通り、フェアウェイから大島が見える。開業とともに完成した「富士コース」は、富士山が見える。

特に「富士コース」は国内のさまざまなランキングはもとより、二〇一七年のアメリカゴルフマガジン社のワールドランキングでも六十八位（日本国内でランキングされているのは三コースのみ）と、今も高い評価を受け続けている。ゴルファー憧れのコースだ。

開業時の一九三六（昭和十一）年、本格的なゴルフコースを併設するリゾートホテルというのは、世界的にみても先駆的な存在だった。

それを象徴するのが、ハワイのゴルフリゾートの先駆けとなったハワイ島のマウナケアを開発したアメリカの財閥ロックフェラーが、実は川奈ホテルをモデルにしていたというエピソードである。

ハワイ島、コハラコーストのマウナケアにも行ったことがあるが、溶岩台地と海がおりなすランドスケープは驚くほど伊豆の川奈に似ていた。

伊東より南には鉄道も道路も通じていなかった当時、川奈周辺は地の果てと言っていい土地だった。

そして、一九六五年にマウナケアビーチホテルが開

大きくとったガラス窓の先に、
川奈の象徴である海とゴルフコースが望める。

業する以前のコハラコーストも同じように、人の住まない荒れ地とされていた。

　川奈ホテルをモデルにしたマウナケアは、その後、ハワイの離島リゾート開発のモデルとなる。同じコハラコーストで東急が開発したマウナラニも、マウイ島のワイレアやカパルアベイも、雨が少ない荒れ地にゴルフコースとリゾートを開発していく手法は同じだった。こうしてワイキキに続くハワイの魅力は創り出されたのである。

　そう考えると、川奈ホテルの先見の明にあらためて驚かされる。

　ロックフェラーと同じく川奈の開発者もまた、戦前の日本を代表する財閥だった。大倉財閥の二代目、大倉喜七郎である。

　父親の大倉喜八郎は帝国ホテルの創業者の一人として知られる。息子の喜七郎も跡を継いだが、戦後の財閥解体で経営を離れ、世界に通用する日本のホテルを志し、ホテルオークラを創業したのは有名なエピソードだ。

　伊東から馬に乗って大倉喜七郎が訪れ、川奈に目をつけたのは大正九年のことである。周辺を物色していた喜七郎は、イギリスの田舎に似た風景が気に入って、周辺の土地をポケットマネーで購入した。

　英国のケンブリッジ大学に留学、英国貴族の趣味とライフスタイルを身につけた喜七郎の夢は、カントリーエステイトを造ることだった。すなわち、田舎に広大な領地を持ち、地主としての収入だけで生活が成り立つ貴族階級、いわゆるカントリージェントルマンの屋敷である。英国では、都市よりも田舎に軸足をおき、自然に親しむ生活こそ最上級とする考えがある。

　喜七郎の趣味は、もっぱら乗馬と自動車だった。川奈ホテルのライブラリーには、イギリスで購入し持ち帰ったベンツに皇族を乗せて、意気揚々とハンドルを握る喜七郎の写真が展示してある。

　当初は、牧場を造るつもりだったという。乗馬好きが高じてのことである。

　だが、土地がやせた川奈では牧草が育たなかった。芝ならなんとか育つと言うことで、ゴルフコースを造ることにした。

　海沿いで、自然の地形を生かしたゴルフコースを

接収時代の川奈ホテル、サンパーラーにて

リンクスと呼ぶ。ゴルフ発祥の地であるスコットランドでは、ゴルフコースといえばリンクスだ。海に面した川奈の立地は、まさにリンクスである。それを直感したのかもしれない。

❦

川奈ホテルは、外観と内観で雰囲気が異なる、不思議なホテルである。

蒲郡クラシックホテルなど、同時代のホテルと比較すると、日本趣味は希薄で、全体的な印象はモダンなヨーロッパスタイル。しかし、同じヨーロッパでも、外観はオレンジ色の屋根と白い壁の南欧風なのに対して、中に入ると一転して、喜七郎の夢だったイギリス、カントリーエステイトの世界観が広がる。まるでヨーロッパを周遊旅行しているような楽しさがある。

特徴的なのは、鉄の装飾、アイアンワークを各所に使っていること。重厚で武器や鎧を思わせる装飾は、イギリスのお城ではよく見られるものだ。

重厚な空間は、サンパーラーで再び明るい陽光の中に開放される。

このコントラストがまたいい。サンパーラーの発想も実はイギリスに由来する。庭を愛するイギリス人は、冬の間も花と緑を楽しもうと、屋敷の一角に温室を設け、しばしばそこでお茶が楽しめるようにした。

サンパーラーは、リゾートホテルとしての川奈ホテルの真骨頂でもある。大きくとったガラス窓の先に、川奈の象徴である海とゴルフコースが望めるからだ。

こうしたパブリックスペースは、開業当時とほとんど変わっていない。

この空間の魅力を違う角度から堪能できる、とっておきの場所がある。

二階に位置するライブラリーだ。

かつて音楽の生演奏が行われたブースから俯瞰するように、サンパーラーを見下ろすと、現実の世界からふわりと乖離して、タイムスリップしたような錯覚におそわれる。

上から見下ろす位置関係もあるのだろうが、このライブラリー自体がタイムカプセルみたいなのだ。

本棚には古い蔵書が並び、窓際には、クラシックホテルのロビーでよく見かける、手紙を書くための机がおかれている。喜七郎がハンドルを握る写真が飾ってあるのもこの場所だ。

中央にはゆったりしたシッティングスペースがあるが、ここの椅子には、なんと「女性用」と「男性用」がある。女性用は、帯のお太鼓が邪魔にならないように椅子の背が低く計算されているのだ。当時は、ホテルを利用するような客層でも日本女性は和服が圧倒的だったのだろう。こういう話を聞くと、日本のクラシックホテルだなと思う。

南欧のようで、イギリスのようで、でも決してここはヨーロッパではない。日本らしい繊細さが微妙に混じって独特の空間を創り上げている。

喜七郎には、バロン（男爵）の称号があった。

たとえば川奈ホテルの名物料理に、薄く切った牛肉をさっと焼いて、シェリー酒で調理したバロンステーキがある。顧客がシェフにリクエストしたことから誕生したというが、喜七郎もお気に入りだったことから命名された。

日本のクラシックホテルが面白いのは、たいてい創業時に個性的なオーナーがいて、そのキャラクターが今も感じられることだと思う。ホテルが一般的でなかった戦前の日本で、ホテルを建てようなんて思いつくのは、新しもの好きの個性的な人物だったのだ。

やがて時間の経過と共に、人物の存在は、ホテルのアイコンとなる。プリンスホテルに経営が引き継がれた今も、バロンの品格と個性がリスペクトされている限り、川奈ホテルは、バロンのホテルなのである。

建築家は髙橋貞太郎。同時代に喜七郎が長野県で手がけた上高地帝国ホテル（現在の建物は、建て直されたもの）も設計している。お気に入りの建築家だったのだろう。デザインなどは、田園調布の開発に関わった矢部金太郎が手がけている。

川奈ホテルの歴史に詳しい井原利夫さんは言う。

「矢部金太郎を連れて世界一周したと聞いています」

世界各地のホテルやお城をめぐり、あれがいいね、これを取り入れようと、夢をめぐらせたのであろう

バロンの品格と個性がリスペクトされている限り、川奈ホテルは、バロンのホテルなのである。

バロンの姿を思わず想像した。ヨーロッパを周遊旅行しているような楽しさは、なるほど理由があったのだ。

昭和三十二年に火事があり、客室を中心に改修が加えられた。だが、タオルのデザインなど、細かな備品で創業当時の姿を伝えるものは意外に多い。それらが古さを感じさせないのは、川奈ホテルのデザインが、いかに当時、洗練されていたかを物語る。

もちろん、それは当代一流のデザイナーのセンスなのだが、その背景には、やはり目利きに長けたバロンのセンスがあったに違いない。

日本のクラシックホテルでは、オーナーの個性が影響を与えたことが多かったが、実は創業時と同じ経営で今に至るところは少ない。その中で、創業の堂島ビルヂングが今も経営する雲仙観光ホテルは、希有なホテルといっていい。

しかも、現在の経営者は女性、そして総支配人も女性。それもまた、日本のクラシックホテルでは珍しいことだ。

その影響かどうかはわからないが、雲仙観光ホテルは、女性的なたおやかさがあって、実に美しいクラシックホテルである。距離の遠さもあってか、幼い頃の記憶はなく、大人になって初めて訪れたのだが、その時の鮮烈な印象は忘れられない。

長崎空港まで空路でアクセスすれば、実はそれほど遠くないのだが、遠く感じるのは、雲仙に向かう道がどのルートをとっても山道だからなのだろうか。海も近く、海から急に立ち上がる山という地勢は箱根にも通じる。だが、雲仙の場合、海との距離感がもっと近く、それゆえ道もより急峻だ。

雲仙の温泉街にさしかかる手前、うっかりすると通り過ぎてしまいそうなほどひかえめな看板があり、小さな門を入ると、木立のアプローチの先に雲仙観光ホテルはあった。

日本建築にハーフティンバー様式を組み合わせた外観は、スイスのシャレーをイメージしたものだとか。増築部分はあるのだけれど、アプローチの正面からは、それが見えない。そのため、蒲郡クラシッ

さりげなく加味された新しい個性は、まるで昔からそこにあったように、自然に着地している。

クホテルと同じく、絵に描いたようなクラシックホテルとして、端正な姿で凛と立つ。

玄関を入ると、まずは花が迎えてくれる。

なぜかこのホテルでは、花の存在が際立つ。

初めて訪れた時は、白い百合だけが飾られていて、なんとも清楚で可憐だった。

当時の総支配人は男性だったが、石を集めるのが趣味という風流な人だった。お土産に雲仙地獄で拾ったという石を頂いた。彼が言った台詞が忘れられない。

「このホテルは、花が似合いますから」

海外の経験も長い船橋聡子総支配人になった今も、百合をメインにしたアレンジメントは当時と同じである。白だけでなく、差し色が入って、以前より華やかになった。その華やかさは、船橋総支配人の立ち姿にも似ている。

あらためて花の似合うホテルだと思う。

一九三四（昭和九）年、日本最初の国立公園になったことで雲仙は知られる。

国立公園制定に先立ち、「日本新八景」山岳の部の投票で一位になったのがきっかけだったという。古くから海外に開いていた港町、長崎の奥座敷として、風光明媚な温泉地である雲仙は、もともと外国人の来訪が多かった。

そして、長崎在住の外国人はもちろんのこと、夏になると大挙して押し寄せたのが、上海に住む外国人だった。上海航路が賑わった当時、雲仙から一番近い大都会は、鉄道を乗り継ぐ東京ではなく上海だったのだ。

そうか、雲仙は、上海の避暑地だったのだ。

雲仙観光ホテルの創業は昭和十年。上海の外国人は、そのずっと前から雲仙に来ていたから、ほかのクラシックホテルのように、その土地で最初のホテルではない。大阪の堂島ビルヂングが経営を任された経緯は、当時の社長、橋本喜造が長崎県選出の国会議員だったからだという。

上海の避暑地としての雲仙が最も華やかだった時代、国際観光局の後押しで、ここ一番の期待を込められ創業したホテルだった。

日本のクラシックホテルは、どこもそれぞれ魅力があるけれど、こっそり本音を言うと、雲仙観光ホテルは、私の一番好きなホテルだ。

その理由は、昔のままの設えを上手く残しながら、実に巧みに改装がなされている点にある。さりげなく加味された新しい個性は、まるで昔からそこにあったように、自然に着地している。そのバランスとセンスが絶妙なのである。

なかでも素敵なのは、客室などに取り入れられたウィリアム・モリスの壁紙だ。十九世紀のイギリスでアーツ・アンド・クラフツ運動の中心となった「モダンデザインの父」、ウィリアム・モリスの花をモチーフにした図柄は、創業時からあったと言われても違和感がないほど、ホテルの空間に調和している。

花の壁紙にあわせて、客室には花の銅版画も飾られている。

イギリスのアンティークで、これも創業当時のものではないが、とても自然に馴染んでいる。ちなみに銅版画のコレクションもウィリアム・モリスの壁紙も現経営者のアイディアだと聞いた。

上手く馴染んでいる新しいものとしては、猫足のバスタブもそう。いかにもクラシックな趣きだが、実は新しい輸入品。ここは温泉もあるので、部屋のバスタブは使わないまま、チェックアウトになりがちだが、このバスルームも必見だ。

一方、客室の基本的なインテリアや構造、一部の家具や照明器具にはオリジナルの古いものが使われている。家具は、そのほとんどが神戸の永田家具のものである。

神戸の外国人居留地のそばで開業し、長く外国人相手の商売をしてきた永田家具は、神戸港に入る外国船の調度品も任されていたという。

そういえば、堂島ビルヂングの前に橋本喜造が創設したのは、橋本汽船という船会社だった。

「このホテルの内装は、実は船をイメージしているんです」

そう秘密を明かしてくれたのは、バーテンダーの池田康秀さんだった。

メインダイニングの入り口から見るロビーの空間

に客船らしさが色濃く感じられる。

そして、廊下の客室のドアのデザイン。言われてみると、これもまるで客船だ。

さらに主役を張っている階段の存在感も、クラシックホテルらしさを表現すると同時に、そのデザインは豪華客船を彷彿とさせた。

階段の手すりの木材はインドネシア産のジェルトンという硬木材だとか。それもまた、海をまたにかけた船会社ゆえの豪奢なのだろうかと想像した。


クラシックホテルでは、アフタヌーンティーのひとときと、バーでのカクテルタイムは欠かせない。雲仙観光ホテルは、特にそう思わせる雰囲気がある。

結果、わざわざ雲仙まで来たというのに、いつも周辺の観光は後回しになってしまう。ダイニングルームに向かって左側の一角がティーラウンジ、そして右側がバーになっている。どちらもこぢんまりして落ち着く、居心地のいい空間だ。

そして、ここならではのスイーツとカクテルがある。どちらも古いレシピではないけれど、ホテルの雰囲気によく合っていて、何より美味しい。

スイーツは甘さ控えめのゴルゴンゾーラベイクドチーズケーキ。紅茶やコーヒーとあわせてもいいけれど、ワインとの相性もいい。チーズ好きにはたまらない味だ。

カクテルは、玄関前の木になる実、シャシャンボの果実酒をベースにした、その名も「シャシャンボ」。コアントロー、レモン果汁で仕上げる爽やかな味は、その年に仕込んだシャシャンボがなくなれば終わり。レシピだけ教わっても決して再現できない。

クラシックホテルでは、夕食前の時間はあっという間に過ぎる。早めにチェックインしたはずなのに、いつしか暗くなっている。

夕食の時間を知らせるドラの音が、ゴーン、ゴーンと鳴った。

客船を思わせる昔からの習慣。バーテンダーの池田さんがもっぱら担当する。

上海からの避暑客で賑わった時代の華やぎが一瞬、よみがえる。ダイニングルームの扉が開けられ、クラシックホテルのメインイベント、ディナータイムが始まる。

第二章

都市のクラシックホテル

誇り高き「迎賓館」として、首都を象徴する停車場に、異国情緒あふれる港町に建ち、長い歴史を刻んできた。ホテルが持つストーリーを大切に、最新機能を備え、進化を続ける、ラグジュアリーなクラシックホテルを楽しもう。

山下公園前に建つホテルニューグランド。関東大震災からの復興のシンボルとして1927（昭和2）年開業、横浜のランドマークとして愛され続けている

ホテルニューグランド

HOTEL NEW GRAND Y

ヨコハマの物語は、いつも
この"シティホテル"から生まれる

重厚な雰囲気の本館2階ロビー。太い柱ごとに配置された椅子は、横浜家具と言われ、宮大工が海外の家具を研究してこしらえたもの。開業時から布地を貼りかえて使い続けている　右頁／本館入口を入ると、ホテルの象徴のひとつ、大階段が迎えてくれる。開業時から変わらぬイタリア製タイルに、ニューグランドブルーと呼ばれる青い絨毯。圧巻の眺めだ

上／ホテルのシンボルマークでもある不死鳥を意味する宴会場フェニックスルーム。開業時のメインダイニングで、和風建築に中国風も加わったような独特の雰囲気。不定期ながら、ここでの喫茶も味わえるとのこと　右下／本館5階の宴会場スターライトルーム前には、往時を偲ばせる布製タペストリーやアンティークの椅子が置かれる　左下／バルコニーのようにせり出した空間は何のため？　開業当時からの古いタイルの床に、艶光りする木の手摺りがレトロで魅力的な階段

上／往時はダンスパーティが華やかに繰り広げられたレインボーボールルーム。当時の漆喰職人が技を尽くした、曲線を描き虹色に輝く天井の美しさは絶品。現在は最新鋭技術で耐震工事が施されている　右下／ロビーラウンジのラ・テラスから眺める中庭。かつてプールだった中庭は、イタリアの噴水を中央に配した憩いの場となった　左下／戦後、ダグラス・マッカーサーが滞在し執務室として使った本館315号室、通称「マッカーサーズスイート」に残されているライティングデスク。これもホテルの物語のひとつ

右上／マッカーサーズスイートのベッドルーム。天蓋付きベッドはこの部屋だけ　左上／『鞍馬天狗』の作者、大佛次郎が愛用した本館318号室、通称「天狗の間」。猫好きで知られる大佛は、この部屋で猫と一緒に10年ほど暮らしたとか　左中／ベイブリッジからみなとみらいまで見渡せる、タワーのベイビューダブル1403号室。横浜ならではの贅沢な景観を独り占めできる　右下／タワー17階のプルミエスイート。フレンチテイストで清楚なブルーの壁紙が人気の客室

クラシックホテルに泊まるなら、メインダイニングで味わうディナーは楽しみのひとつ。タワー5階に位置するル・ノルマンディで、横浜港の夜景を楽しみながら、旬の食材を生かした本格フレンチを堪能できる。本日の料理のうち2点をご紹介。色々野菜の取り合わせ　生ハムとイカの軽いソテー添え（右中）、赤ピーマンのムースと海老　トマト水のジュレ（左上）、お薦めの魚料理（本日はヒラメ）シェフスタイル（左下）

1403号室より、みなとみらいの夜景を存分に楽しむ。景観抜群の立地にあるホテルニューグランドというクラシックホテルだからこそ、得られる眺めといえよう

東京ステーションホテル

THE TOKYO STATION HOTEL

百年の物語《ストーリー》をもつ
世界的ラグジュアリーホテルへ

煉瓦造りの東京駅丸の内駅舎の中に東京ステーションホテルが開業したのは1915（大正4）年。駅舎の復原工事に伴い2012年にリニューアル。"生きている文化遺産"として、今夜も内外の賓客を迎え続けている

右上／2階から4階アトリウムへと続く階段。創建時にも同位置の一部に階段があったという。下には居心地のいい空間が　左上／アーカイブバルコニーから東京駅舎の南ドームを眺める。復原されたドームのレリーフまで間近で見られるのは、駅舎ホテルならでは　右下／正面入口から瀟洒なロビーを見る。奥のフロント部分は吹き抜けになっていて、開放感がある　左下／客室廊下の一角には、ふと立ち留まってみたくなる、静けさに満ちたスペースがある。落ち着いた照明が目に優しく、心にも余裕が生まれる

3階の客室廊下は全長300メートル以上！　壁には東京駅や東京ステーションホテルにまつわる写真や図面、絵画など100点を超える資料が掲げられていて、歩きながら眺める楽しみもある

上／客室は全150室、瀟洒なヨーロピアンクラシックで統一されている。こちらはドームを間近に眺められるドームサイド。天井も高く、開放感いっぱい　下／メゾネットスイート3093号室。八角形のベッドルームには丸窓が設けられ、船の中にいるイメージ

右上／駅舎の中央に位置する特別室インペリアルスイート。リビングの窓から、皇居に向かってまっすぐに伸びる行幸通りを眼下に望むという、唯一無二の景観を独り占めできる　左上／一部吹き抜けで開放感があるメゾネットルーム。階段上のベッドルームは、リニューアル前は屋根裏だった。文化遺産としての軀体を維持しながら、居心地よい空間とした個性的な部屋　右下／インペリアルスイートの一角。駅舎の赤煉瓦をそのまま剝き出しにしてインテリアに　左下／メゾネットスイートの丸窓からは、駅舎の外壁も〝覗く〟ことができる

上／2012年のリニューアル時に屋根裏を活用して誕生したアトリウムは、天窓から柔らかな自然光が降り注ぐ気持ちのいい空間。一部剥き出しにされた百年前の駅舎の赤煉瓦が歴史を物語る
下／1951年から多くの文化人の憩いの場だった名物バー、カメリア。今はバー&カフェとして再オープン、ランチも気軽に利用できる。壁の掛け時計の針は、昔と変わらず5分早めている

上／かつてのメインダイニング「ばら」と同じ場所にあるレストラン、ブラン ルージュ。白を基調にしたエレガントな空間で、和のテイストを存分に取り入れた上質なフレンチをどうぞ。国産ワインも含め、1200本ほどのワインが用意されている　下／この日のコースより、青ヶ島産東京ビーフ二種の味わい「ロースと赤ワイン煮込み」きのこのソテ添え（右）、蒸し毛蟹と帆立貝のナージュ仕立て（左）

ブラン ルージュの窓から、行き交う新幹線が見える。百年を超えても、駅舎ホテルの伝統と醍醐味は変わらず生き続ける

物語が始まる場所

日本のクラシックホテルは、リゾートホテルが多い。

だが、もちろん明治時代以降、都市にホテルがなかった訳ではない。

たとえば、東京の最も古いホテルといえば、一八六八年、元号が明治にあらたまる直前、築地の外国人居留地に開業した「築地ホテル館」である。しかし、一八七二（明治五）年に火事で焼失。その後、再建されることはなかった。

東京で今につながるホテルといえば、言うまでもなく、帝国ホテルである。

創業は鹿鳴館が華やかであった一八九〇（明治二十三）年。不平等条約の改正のために、欧米諸国と肩を並べる国であることを誇示する必要があった当時、政府の肝いりで、国策として開業したのが帝国ホテルだった。

川奈ホテルの創業者、大倉喜十郎の父、喜八郎が帝国ホテルの創業者の一人であったことは、第一章で紹介したとおり。しかし、当初は、なかなか経営が上手くいかなかった。転換点となったのが、創業にもかかわった渋沢栄一が招聘した初めての日本人総支配人、林愛作の登場だった。古美術商のニューヨーク支店長という異色の経歴の持ち主である林愛作が新館の設計者として迎えたのが、アメリカの建築家、フランク・ロイド・ライトである。こうして帝国ホテルのライト館が誕生した。

ライトは、帝国ホテルを請け負った当時、実は女性スキャンダルで仕事を干されていた。そこで自らの再起のため、最高傑作を造ろうと、工期と工費が大幅に超過してしまう。林愛作は、その責任を問われて辞任に追いこまれた。ライトも完成前に帰国することになる。

一九二三（大正十二）年九月一日、ライト館は、開業披露当日、関東大震災に遭遇する。だが、建物が生き残ったことで、ライトは建築家として復活した。彼のいわゆる第二黄金時代はライト館以後のことで、帝国ホテルがなかったなら、アメリカを代表する建築家としてのライトは、いなかったかもしれない。


こんな数奇な物語のあるホテルが、もし今東京にあったなら、と誰しも思う。

しかし、ライト館は、一九六八（昭和四十三）年、老朽化のため取り壊されてしまった。

著名な建築家の代表作と言うことで、もちろん当時、大規模な反対運動があり、ライトの未亡人、オルギヴァンナも来日した。

それでもライト館が残らなかったのは、ホテルとして、機能的でなかったからと言われている。熱源をすべて電気にしたことで、震災時に火災が発生しなかったのはよかったが、およそ効率的ではなかった。主な建材であった大谷石は独特な風合いがあったけれど、非常にもろくて崩れやすかった。実際、当時のライト館を知る社員の方から、雨が降ると、いつも雨漏りして、バケツとモップを持って駆け回ったという話を聞いたことがある。

毎日、そこで働いていた人たちの〈「もういよいよ限界ね」って話していたんです〉という証言は重い。

ライトは当初、住宅建築家として名をあげた人物で、大規模なプロジェクトを手がけた経験はほとんどなかった。彼が設計者となったホテルは、後にも先にも、帝国ホテルだけなのである。そうしたことも影響していたのだろう。

帝国ホテルライト館は、世界的に貴重なホテル建築であったと同時に、ホテル建築としては、とても問題が多かったのである。

ライト館がもしホテルでなかったなら、今も東京にあった可能性はある。

こんな数奇な物語のあるホテルが、もし今東京にあったなら、と誰しも思う。

だが、宿泊客に快適な居住性と安全を約束するのがホテルの使命である。ビジネスマンなどの利用の多い都市ホテルは、リゾートホテルより、機能性や効率性が求められる。帝国ホテルがライト館を残せなかった理由である。

その後、政治問題にまで発展した反対運動は、ライト館の玄関部分を愛知県犬山市の明治村に移築するということで決着した。

こうして一部ではあるが、ライト館はその姿をとどめることになった。

ときどき私は、冗談で「ライト館が戻ってくるといいですね」と帝国ホテルの方に話すことがある。もちろん、明治村で最も人気の高いライト館玄関を日比谷に戻すなんて話が実現する訳がない。それでも万が一、そんなことが実現したなら、帝国ホテルは、日本を代表するクラシックホテルになるのに、と思うことがある。

帝国ホテルライト館の運命を知るにつけ、一九一五（大正四）年開業の東京ステーションホテルが、六年半の年月をかけて東京駅丸の内駅舎の保存・復原とともによみがえり、東京を代表するクラシックホテルになったことの奇跡を思う。

東京ステーションホテルの幸運は、駅と一体のホテルだったことだろう。だからこそ、丸の内駅舎の復原計画の一環として、新たなホテルとして生まれ変わる機会を得たのである。

東京ステーションホテルが今ある理由、つまり、東京駅にホテルを併設する案は、どのように生まれたのだろう。

もともとステーションホテルは、鉄道が生まれたイギリスなどで発展したホテルの形態である。ヨーロッパやその旧植民地には、かつてステーションホテルだったクラシックホテルが多くある。

日本でも東京ステーションホテル開業以前から、鉄道院はホテル経営に関わってきた。そのひとつが、今もクラシックホテルとして人気が高い奈良ホテルである。

東京駅にホテルを併設することを強く進言したのは、南満州鉄道、すなわち満鉄の総裁を務めた後藤新平だった。

後藤は満鉄のホテルブランド、ヤマトホテルを立ち上げ、沿線の大連や長春に開業した。彼は、ホテルというものが持つ政治的、文化的役割をよく知っていた。当時、満州のヤマトホテルは、日本のホテルと比較しても最先端のホテルだったという。たとえば、後に帝国ホテルの総支配人になる犬丸徹三は、長春ヤマトホテルの出身である。

東京駅の計画と時を同じくして、後藤新平が鉄道院総裁に就任した偶然は大きい。

それでもホテル案がいったん立ち消えたのは、ホテルの運営がどこでも大変だったからだ。帝国ホテルも経営が安定するのは林愛作が着任してからのこと。だが、鉄道院の直営ではなく、築地精養軒に業務委託することで、東京ステーションホテルは開業することになったのである。

❦

築地精養軒は、日本の西洋料理の歴史を語る上で欠かせない。

スイス人の初代料理長のもとで学んだ四代目料理長の西尾益吉は、日本人として初めて料理修業のためフランスに赴いた人物である。パリのホテル・リッツで、ホテル王セザール・リッツの右腕だった料理人、オーギュスト・エスコフィエに師事した。帰国後、本場仕込みのフランス料理は大変な評判を呼んだ。そして、この西尾のもとで修業したのが「天皇の料理番」と呼ばれ、長く宮内省の大膳寮厨司長を務めた秋山徳蔵である。

東京ステーションホテルの経営を請け負った築地精養軒は、日本のフランス料理の歴史と深くかかわっている。そうした歴史を感じられる一品が、ビーフシチューである。

バー&カフェ「カメリア」の「黒毛和牛のビーフシチュー」は、ホテル再開業以前のレストラン「ばら」で頂いたビーフシチューの味を思い出させた。

「実はレシピは少しずつ変えているんです。今の人の味覚にあうようにね」

蒲郡クラシックホテルでビーフカツレツを頂いた時と同じような台詞が石原雅弘総料理長から返ってきた。伝統の味には、何も変わっていないように見

辰野金吾設計による東京駅外観。北ドームから中央部を望む

えて、本当は少しずつ変化しているクラシックホテルの秘密が隠されている。

かつて「ばら」があった場所は、今はレストラン「ブラン ルージュ」と名前を変え、本格的なフランス料理が楽しめる。内装もすっかり新しくなり、料理も昔とは一新した。でも、窓際の席に座ってみると、そこから見える風景は全く同じだった。ここがまさしく「ばら」のロケーションであることを実感する。なんとも懐かしかった。

JR東日本グループが運営するホテルらしく、日本産のワインは、JR東日本の運行エリアを中心とした産地のものを揃えている。博識なソムリエと話がはずむ。「ブラン ルージュ」での夕食は、ホテルの今と昔が交錯する時間だった。


東京ステーションホテルは、日本のクラシックホテルで唯一、重要文化財の中にある。

丸の内駅舎が復原されるとき、従来の重要文化財とは異なるやり方で工事が行われた。日々使い続ける建物ということで、その機能を損なわないよう、

東京駅というロケーションと
重要文化財の建築の特別さ。

オリジナルの姿を忠実に再現する部分と、変えていい部分を分けたのだという。

駅舎全体の外観は、オリジナルに忠実によみがえった。

駅舎には、もともと美しいフォルムの丸いドーム屋根が左右にあった。長いこと私たちが見慣れていた八角屋根は、太平洋戦争の空襲で被災した後、暫定的に復旧したものである。戦後、もとの姿に戻そうとしたところ、GHQに「雨が凌げればいい」と一蹴されたのだとか。ドーム屋根は、このたびの復原工事の目玉だった。

一方、ホテルの内装は、重要文化財でなかったため変えていいとされた。創業当時の内装に関して資料がほとんど残っていなかったのも理由のひとつだ。

建築家が、日本の建築界の重鎮、辰野金吾であったことは有名だ。

だが、辰野金吾は、ホテルの内装は手がけなかった。担当したのは、チェコ人のヤン・レツルだったという。ヨーロッパの伝統様式から分離するという意味でセセッション（分離派）と呼ばれた建築家のひとりである。

ヤン・レツルは、広島県物産陳列館、すなわち原爆ドームの設計者として知られる。

日本に現存する彼の作品は、原爆の象徴となり、世界遺産にもなったこの建物だけだが、実はホテルも手がけている。

一九一三（大正二）年開業、一九六九（昭和四十四）年に火災で一部焼失した後、解体された宮城県の松島パークホテルである。東京ステーションホテルと同じ築地精養軒が運営を手がけていた。ヤン・レツルは、そのつながりで招聘されたらしい。

写真に見る松島パークホテルは、中央に象徴的な塔屋がそびえ、お城を思わせるとてもかっこいい建築だ。火災があった年は、ライト館が解体された一年後。あと数十年、生き延びていたなら、解体ではなく、再建する選択肢があったかもしれない。昭和四十年代が、クラシックホテルにとって難しい時代であったことをあらためて思う。

今回、東京ステーションホテルの内装は、イギリスのリッチモンド・インターナショナルが担当した。ブダペストのフォーシーズンズやベルサイユのトリアノン・パレスなど、歴史的建造物をリノベーションしたラグジュアリーホテルを多く手がけている。歴史を踏襲しつつ、ヨーロピアンクラシックを今どきの居住性の中で解釈する。近年、海外では、こうしたタイプのクラシックホテルが多い。その先駆けとなったのが、シンガポールのラッフルズだ。

二〇一九年の今は二度目の大規模改修のさなかだが、一九九一年に最初の大改装が行われ、再開業した時の賛否両論をよく覚えている。

それまでのラッフルズは良くも悪くも、古いままのクラシックホテルで、名前だけは有名だが、ラグジュアリーホテルとしての地位は失っていた。それが一気にシンガポールで最も高級なホテルに生まれ変わったのである。クラシカルなデザインを現代的に再生し、全く様変わりした美しいスイートルームを昔ながらのラッフルズとは違うと批判した人もいた。しかし、時の経過と共に大胆なリノベーションは受け入れられ、クラシックホテル再生のモデルとなった。

東京ステーションホテルの客室も、きわめて高い完成度の美しい部屋に仕上がった。

壁の塗装に使われた「ホワイトグレー」は、白にほんのり黒と赤が加わった色で、実に品があって落ち着く。別段、歴史を踏襲した色ではないが、宿泊客などから気に入ったので自分の家に使いたいと問い合わせを受けることもあるそうだ。

二〇一二年の改装もやがて時が経てば、歴史になるのだろう。

そして、東京駅というロケーションと重要文化財の建築の特別さは、客室のかたちやホテルの構造、窓からの眺めの中に息づいている。

かたちが独特なのはメゾネットスイートだ。

客室はほぼ二階と三階に位置するが、メゾネットスイートは、四階部分にベッドルームがある。違うデザインで二部屋あって、私が好きなのは、ベッドルームに客船のような丸窓がついた部屋だ。特徴的なかたちは、外観からもよくわかる。正面に向かって右側のドームの下、建物が折れ曲がっているところに塔があって、よく見ると窓が丸くなっている。メゾネットタイプの部屋は二つのスイート以外にもいくつかあって、どれも窓が特徴的である。

　そして、宿泊したらぜひ探検して欲しいのが、とてつもなく長い廊下だ。

　全長三〇〇メートル以上。駅舎全体のスケールの大きさも実感できる。

　左右にドームがあって、それを廊下が結ぶ構造になっているのだが、左右のドームのあたりに、展示スペースを兼ねた小部屋がある。ここは必見のスポット。復原工事のハイライトであるドーム内部を間近で見ることができるからだ。丸の内南口と北口から見上げると、遠くて見にくい装飾のディテールも、ほぼ正面に見える。


　さらに特別感が感じられるのは、客室からの眺めである。

　東京ステーションホテルで生まれた文学作品は数多いが、なかでも有名なのは松本清張の出世作『点と線』だ。昭和三十年代、東京駅には十三番線から十五番線まで、間に列車が入らないで見渡せる時間が四分間あったという。清張は、ホテルに滞在していた時、この四分間を使ったトリックを思いついたとされる。

『点と線』が生まれた二〇九号室は、今も同じ場所に客室（現二〇三三号室）があり、作品が生まれた部屋であることを示すプレートが飾られている。

　今はそこからホームは見渡せないけれど、物語は確かにここで生まれたのだ。

　東京ステーションホテルらしい、駅の見える部屋であれば、ドームサイドルームを指定するといい。窓からドーム下の丸の内改札口を見ることができる。

　防音はきちんとされているのだが、耳をすますと、かすかに駅特有の電子音やアナウンスが聞こえてくる。朝夕のラッシュ時、早朝や深夜の人気のない時間、客室の中から駅を見るのは、何とも不思議な感覚があった。改札口はすぐ目の前なのに、窓の外が現実の世界でないような錯覚に陥るのだ。

　清張のトリックのような何かを見つけた訳ではな

東京ステーションホテルらしい、駅の見える部屋であれば、ドームサイドルームを指定するといい。

い。でも、行き交う人々を見ていると、物語が立ち上がってくるような感じがあった。幾多の作家が、東京ステーションホテルに泊まり、作品を生み出した理由がわかった気がした。ここは物語が始まる場所なのだ。

生まれ変わった東京ステーションホテルの魅力は、以前より重要文化財の建築の特別感を上手く引き出したところにもあると思う。

それを感じる圧巻の空間が、ゲストラウンジ「アトリウム」だ。

丸の内駅舎を正面から見ると、左右に復原されたドーム型の屋根があり、中央に台形の屋根があるのがわかる。この屋根の部分に「アトリウム」はある。ドラマチックなまでに天井が高く、赤レンガの壁が一部剝き出しになっていて、建物の構造がよくわかる。宿泊客が自由に訪れることのできるラウンジなのだが、最も賑わうのは朝食の時間だ。広々とした空間いっぱいに料理が並ぶ朝食ブッフェの充実していること。クラシックホテルらしいオムレツやフレンチトーストのほか、サラダバーの野菜や和食のメニューも豊富で、目移りしてしまう。クラシックホテルの朝食というと、テーブルサービスの洋食が定番で、ブッフェを毛嫌いする人もいるけれど、東京ステーションホテルの朝食を一度体験すれば、そんな偏見は吹き飛んでしまう。

しかも朝食は、宿泊客限定である。この朝食だけでも、東京ステーションホテルに泊まる価値は充分にあると思う。

東京ステーションホテルは、復原工事にあたり、六年半休業した。そのため今のスタッフは、ほとんどが再開業にあたり入社してきた人たちだ。

歴史を継承しているけれど、新しいホテルのように感じるのは、新しくなった内装ばかりではない、人が新陳代謝したせいもあるのだろう。

その中で、数少ない昔と今をつなぐ生き字引が、マスターバーテンダーの杉本壽さんだ。

今もバー「オーク」で勤務する。名物カクテル「東京駅」の生みの親でもある。

「東京駅」は一九八九年、東京駅開業七十五周年を記念して誕生した。イギリスのジンであるタンカレと、グレナデンシロップ、スーズという薬草のリキュールが入っている。タンカレの味がきりりと効いた大人の味だ。赤い色が東京駅のレンガの色を思わせる。

若いスタッフは、杉本さんが作ると、同じレシピでも何か違うという。

「そんなことないですよ。ただ、レンガの色にあわせて、今は昔より少し色を薄くしています。『東京駅』を思いついたのは、ニューヨークに行った時、マティーニがもっとドライだと知ったのがきっかけです。お酒の味がしないとカクテルではないでしょう」

ホテルの立地は駅であると同時に、丸の内のビジネス街にも隣接している。

「昔は三菱とか、周辺の企業の常連の方が多くてね」

営業再開の時、彼らが再訪してくれたのがうれしかったという。

だが、すっかり東京の観光名所になった今、混んでいることが多くなり、常連さんがふらりと来ても満席で断ることがあって、心が痛むという。

新しい世代の客が多いのは、ホテルとしては幸せなことである。

でも、昔の静かな時代を懐かしむ感じも杉本さんにはあった。

今も昔も、一杯やってから鉄道に乗る客が多いのは、ステーションホテルならではは。そうした客のため、バー&カフェ「カメリア」の時計は少し早めてある。乗り遅れそうになっても、乗り遅れないように。そのきまりごとだけは今も変わらない。

外観はそのままに内装を全面改装した東京ステーションホテルが、ラッフルズのスタイルとするならば、歴史的建造物に隣接してタワーが立つホテルニューグランドは、一九七三年、インド、ムンバイのタージマハル・ホテルから始まったスタイルだ。

タージマハル・ホテルもそうだったけれど、七六年に完成したマンダリンオリエンタルバンコクのリ

都市のランドマークとなるクラシックホテルは、最高のロケーションに立っている。

バーウィング、そして九四年のザ・ペニンシュラ香港のタワー開業は、それぞれのホテルが、都市のランドマークであり続けている原点といっていい。

ザ・ペニンシュラ香港の三年前、一九九一年に完成したホテルニューグランドのタワーも、まさにその系譜である。

ザ・ペニンシュラ香港を象徴するのは、一九二八年の創業時に建てられた本館の、アフタヌーンティーで有名なザ・ロビーだと思うが、客室であれば、クラシックな本館よりもタワーの高層階のほうが圧巻である。

目の前に広がる香港島のパノラマ。日没後、夜の闇に浮かび上がるビル群は、宝石をちりばめたように色鮮やかなネオンをまとっていた。空が不思議なくらい大きく感じられたことをよく覚えている。

ホテルニューグランドのタワー高層階の角部屋に泊まった時、同じ感動が重なって息を飲んだ。見慣れた横浜の、見たことのない表情を見た気がした。

目の前に香港島が迫る九龍の眺めと、港の前方が大きく開けた横浜の眺めは、全く違うけれど、港町として発展した大都市を掌中に収めた感じは共通している。

海を望む方角の左手にみなとみらいの夜景が見える。刻々と色が変化する大観覧車、それを取り囲む高層ビル群。横浜というと、最高の眺望はみなとみらいと思っていたが、色とりどりの夜景は、少し距離をおいてこそ美しい。みなとみらいを望むベストスポットがホテルニューグランドであったとは。新鮮な発見だった。

リゾートにおいてもそうだけれど、都市のランドマークとなるクラシックホテルは、最高のロケーションに立っていることが多い。

そこにタワーが立つことで、最高の眺望が手に入る。

なのにホテルニューグランドのそれに、今さらながら気づいたのは、神奈川県在住の私にとっては近すぎて、泊まったことがなかったからだ。

父方のルーツが横浜であるわが家にとって、ホテルニューグランドは、身近なホテルだった。父は富士屋ホテルの創業家に生まれた母の婿になるが、父の家系も横浜の貿易商がルーツだったから、たぶんにハイカラ趣味があった。

だから、父方の親戚や家族の集まりといえば、たいていその場所はホテルニューグランドだった。こうした関係性は、わが家のみならず、横浜や周辺出身のある年代以上であれば、共有する人たちが少なからずいると思う。

子供の頃の記憶は、すべて本館に集約される。

わが家がよく使ったのは本館五階の「スターライトルーム」である。

ここは、もともと「スターライトグリル」という人気レストランがあったところだ。

メインダイニングルームのほかに、気軽な一品料理が楽しめる「グリル」を設けることを発想したのは、初代料理長のスイス人、サリー・ワイルだった。

東京ステーションホテルの料理が築地精養軒の系譜とすれば、ホテルニューグランドの料理は、サリー・ワイルの流れを汲む。ホテルオークラの初代料理長、小野正吉など、彼の弟子からは日本のフランス料理を代表する料理人が多く輩出している。

ホテルニューグランドの名物料理に「ナポリタン」や「シーフードドリア」など一品料理が多いのは、それまでメインダイニングでのコース料理しか選択肢のなかったホテルの料理を改革したサリー・ワイルの影響なのだ。

「スターライトルーム」からは、タワー五階のパノラミックレストラン「ル・ノルマンディ」からの眺めと、ほぼ同じ目の高さから港が見える。これは、客船から海を望むのと同じ目線だと聞いたことがある。

目の前に係留されている氷川丸でアメリカ留学に旅立った父は、ここで宴席があるたびに、昔を思い出したのだろうか。

⚘

ホテルニューグランドの正面玄関は、タワーの完成後、その一階になったが、それまでは、本館の山下公園に面した側がエントランスだった。

山下公園は、ホテルニューグランドの歴史と深くかかわっている。

開港当初から関東大震災まで、ここには、フランス波止場と呼ばれた桟橋があった。

イギリス領事館近くの西波止場がイギリス波止場、フランス人居留地が近かった東波止場がフランス波止場。メリケン波止場と呼ばれたのが、現在の大桟橋で、海に面した通りを海岸通りと呼んだ。

海岸通りには、震災前、外国人経営のホテルが何軒も立っていた。なかでも規模が大きかったのがグランドホテルである。

開業当時のホテルニューグランド。
車寄せには人力車も

関東大震災では、とりわけ横浜の被害は甚大だった。

がれきの集積場となったのが、フランス波止場のあたり。実は山下公園は、がれきの山を埋め立て、復興のシンボルとして整備されたものなのだ。

そして、ホテルニューグランドも震災復興のシンボルとして生まれたホテルだった。

「ホテルニューグランド」という名称については、こんなエピソードがある。

候補として、「ホテルニューグランド」「ニューグランド・ホテル」「フェニックスホテル」の三つがあったという。ところが「フェニックス（不死鳥）という名前の会社は上手くいっていないところが多く、縁起が悪い」という意見が出た。横浜の人たちにとっては、かつてのグランドホテルを思わせる名前のほうに郷愁を感じたのかもしれない。

こうして直接的に関係はないが、心情的には歴史を継承したい思いを込めて、グランドホテルなき横浜に、ホテルニューグランドは開業したのである。

震災から四年後の一九二七（昭和二）年。山下公

濃いレイバンのサングラスをかけ、コーンパイプを
口にくわえたマッカーサーが、この階段を上ってきた。

園が完成したのは三年後である。
ホテルニューグランドと山下公園の特別な関係は、開業の経緯からつながっている。

威風堂々たる外観とすっきりしたデザインは、ほかのクラシックホテルに比べてあまり強烈な個性を感じさせない。横浜の街並みに自然に馴染んでいる。

建築家は渡辺仁。よく知られた代表作としては、旧第一生命ビル、銀座和光などがある。戦後まもなくの占領時代、旧第一生命ビルはマッカーサーの執務室があったGHQ本部、銀座和光はPX（進駐軍向けの小売店）として接収された。

建築家の代表作はどれも占領時代と縁が深いが、マッカーサーといえば、何と言ってもホテルニューグランドである。

昭和二十年八月三十日、厚木飛行場に降り立ったマッカーサーが、日本で最初に訪れた場所がここなのだ。その日、ホテルに勤務していた生き証人、霧生（旧姓長谷川）正子さんに話を聞いたことがある。

ホテルニューグランドのロビーは二階にある。独特の珍しい構造で、山下公園に面した本館入口からは、イタリア製のタイルが貼られた大階段が続いている。当時はフロントも二階にあった。直前に先遣隊がやってきて、フロントの引き出しをすべてあけて拳銃がないかどうか調べたそうだ。

正子さんは、ここで歴史的瞬間を目撃した。

濃いレイバンのサングラスをかけ、コーンパイプを口にくわえたマッカーサーが、写真に見るままの風貌で、この階段を上ってきた。勝ち気な彼女は、目をそらさず、その瞬間をしっかり見つめていたという。

そして、三階の三一五、三一六、三一七号室に落ち着いた。三一五号室は、ほかの部屋とあわせて今は「マッカーサーズスイート」になっている。改装され、家具は新しくなったが、デスクだけは当時のものがおかれている。部屋のある場所、窓から見る風景は、マッカーサーが訪れた時、そのままだ。

まもなくして遅い昼食が用意された。

サービス担当として、白羽の矢が立てられたのが正子さんだった。

メニューはスープとパン、冷凍スケソウダラのソテー。

「スープとパンは召し上がられたと思います。でも、スケソウダラにはナイフとフォークをお取りになりませんでした」

怪訝そうな顔をして「何だこれは」と聞いた。そして、埋め合わせをするように食後のレモンティーのおかわりをしたそうだ。

戦争とホテルについては、こんな話がよく語られる。

戦争は、勝てば相手国に進駐する。だから相手国を爆撃するとき、高級ホテルなど、勝った時に自分たちが使いたいと思う建物は、わざと攻撃しないのだという。

ホテルニューグランドは、そうした対象だったのだろうか。

東京ステーションホテルは空襲で大きな被害を受け、戦後しばらく営業再開できなかった。一方、ホテルニューグランドは横浜という大都市にあって戦災を免れている。

もともと米軍でアジアのエキスパートだったマッカーサーは、連合軍最高司令官として赴任する以前に、何度も来日している。一九三七年、二度目の妻、ジーンとのハネムーンも日本だった。しかも、なんとその時、ホテルニューグランドに泊まっている。

本館入口から続く大階段。その先に見えるエレベーターの上部に飾られた天女を描いた絹織物のタペストリーは独特の日本情緒を伝えるもので、一度見たら忘れられない。

これを見てマッカーサーも、つかの間、ハネムーンの記憶がよみがえったのだろうか。

日本本土の空襲を彼が計画した訳ではないから、個人的なノスタルジーとホテルニューグランドが戦災にあわなかったことと関係があるとは思えない。だが、少なからず居心地のいい、思い出のホテルで、日本進駐の最初の夜を過ごせたことに安堵したのではないか、と想像する。

震災復興の象徴だったホテルは、こうして戦争後も生き残った。

そう考えると、「フェニックス」のキーワードは因縁深い。ホテル名としては採用されなかったが、実はホテルのシンボルマークに受け継がれている。さらには、本館二階にある宴会場の名前にもなっている。

「フェニックスルーム」は、寺院の伽藍を思わせる重厚な内装で、日本趣味が強烈に感じられる空間だ。開業当時は、メインダイニングルームだったという。圧巻は吊り灯籠に似せた巨大なシャンデリア。奈良が栄えた天平時代のイメージだという。

宴会場なので、機会がないとなかなか見ることができないが、夏休みや年末年始など、宴会の少ない季節にティーラウンジとして開放することがあるという。HPに告知があるそうなので、チャンスがあれば、ぜひ見てほしい。

フェニックスルームを見てから、本館のロビーを見ると、ここの照明も、吊り灯籠がモチーフであることに気づかされる。天井にはイスラム装飾を感じさせる幾何学模様もあって、全体に東洋的なデザインが面白い。

白い石造りの空間から奥に進むと、マホガニーの柱が並ぶ重厚なヨーロピアンスタイルに転換する。だが、やはりよく見ると、琵琶をひく天女とか、インドふうの女性とか東洋的な装飾があって、ディズニーランドの「隠れミッキー」を探すような楽しさがある。

本館のロビーでも不定期で「トワイライトラウンジ」と称して、音楽とお酒が楽しめるイベントがある。こちらもHPだけの告知なので要チェックである。

ちなみに、このロビーは、クラシックホテルの典型として、多くのTVドラマやCMのロケに使われている。海外のホテルとして登場することもあり、WOWOWのドラマ『沈まぬ太陽』ではニューヨークのホテルになっていた。

確かに一見すれば、欧米の歴史あるホテルのようだが、その場面を見て、どうにも横浜としか思えなくなったら、日本のクラシックホテルのマニアになった証拠である。

コラム

5つのホテル競演

❶ 朝ごはん

雲仙観光ホテル

アメリカンブレックファスト

メインダイニング（→p2〜3、p94）で味わう正統的洋朝食。"雲仙の太陽卵"を使った卵料理は、オムレツの他フライドエッグ、スクランブルエッグ、フレンチトーストなど5種から選べる。野菜サラダや、生ハム、スモークサーモン、チーズのコールドプレートなどたっぷり。パンはアオサ海苔パンもある。和朝食のメニューも選べる

❶ 朝ごはん

蒲郡クラシックホテル

クラッシックブレックファースト

ぷりっぷりのオムレツが売りです！というメインダイニング（→p.95）でいただくホテル自慢の朝食。もちろん目玉焼き、スクランブルエッグも選べる。添えられたソーセージとベーコン、温野菜も美味。フレッシュフルーツとヨーグルト、サラダのオードブルが爽やかで、朝のおなかに優しい。蒲郡の風景が描かれた絵皿や銀のパン入れにも注目

❶ 朝ごはん

川奈ホテル

洋定食

パリッとしたリネン（麻）のテーブルクロスがかけられたメインダイニングにて、クラシカルな洋定食。ふわふわの焼きたてオムレツに、国産豚のハム、ベーコン、ソーセージが定番。ちなみに、トマトジュースに使うタンブラーはゴルフクラブの形をしている。朝食はグリル（→ p 38）でもいただける。地の魚の干物を味わう和朝食もある K

❶朝ごはん

ホテルニューグランド

モンテクリスト サンド

フランスの豪華客船ノルマンディ号をイメージしたメインダイニング（左下・→p63）での朝食のおすすめは、ホテルオリジナルのモンテクリスト サンド。チーズとベーコンの塩味が絶妙に絡んだフレンチトーストがたまらなく美味。ローストビーフやスモークサーモン、サラダ、手搾りジュースなどが付いた、ちょっと贅沢な別注文の朝食だ。もちろん、開業当時から続く定番のブッフェも人気。パンは自家製など10種近くある（右下）

❶ 朝ごはん

東京ステーションホテル

アトリウムの朝食ブッフェ

国内外から絶賛されているアトリウム（→p70）での朝食はこちら！ つねに110種以上もの和洋食のアイテムがずらりと並ぶブッフェで、有機野菜、肉料理、和食の惣菜、産地にこだわった魚介など、目移りするほど種類が豊富。夏には冷やしおでんなど、季節の料理も加わる。外せないのは、目の前で作ってくれる卵料理。伝統のビーフシチューソースを閉じ込めたオムレツやエッグベネディクトが人気。宿泊者だけの朝食だが、不定期で一般客が利用できる機会もあるとか。HPを要チェック

トマトだけでも5種以上ある有機野菜サラダコーナー（左） 本日のお刺身コーナー。和も洋もたくさん召し上がれ（右） 生ハムを切り分けるアトリウム料理長の岩本紘和さん（左上）

メインダイニングルームの壁にはベルギー製ゴブラン織りのタペストリーも（左）　ダイニングの入口に掲げられたクラシカルな文字の看板も昔からのもの（右）

❷ 名物料理

雲仙観光ホテル

伝統のビーフカレー

伝統の名物カレーライス。野菜とスパイスをじっくり煮込んだブイヨンに、蓮華はちみつ、フルーツチャツネを加えてつくるコクのある味は、創業時からずっと引き継がれてきた。国産牛がたっぷり入っています！

❷ 名物料理

蒲郡クラシックホテル

ビーフカツレツ

開業当時からの雰囲気を残すメインダイニングルーム G

国産牛フィレ肉の厚みは2センチ以上はある！　香ばしい香りがたまらない。チーズとパセリを混ぜ入れたパン粉をつけてこんがり焼いたこの〝カツレツ〟は、かの池波正太郎にも愛された名物料理だ。付け合せはもちろん地場の季節の野菜。マッシュルームソースでいただきます G

❷ 名物料理

川奈ホテル

あわびのステーキ
バロンステーキ

川奈ホテルと言えば、創業時からメニューにある、あわびのステーキ（下）が有名。ウニのクリームソースをかけるスタイルは昔から変えていない。豪快ながら繊細な味わいの逸品だ。バロンステーキ（左）は創業者の大倉喜七郎男爵が愛した料理で、この名がついた。薄めにカットされた和牛フィレ肉は、シェリー酒のソースと西洋わさびで

❷ 名物料理

ホテルニューグランド

シーフードドリア
スパゲッティ ナポリタン

さすがは文明開化の街、横浜のクラシックホテル。厨房からも多くの新しい名品が生まれた。初代総料理長サリー・ワイルが風邪気味の客人のために即興でこしらえたシーフードドリア（上）は、バターライスにシュリンプ（海老）のクリーム煮をのせ、グラタンソースとチーズをかけてこんがり焼いたもの。スパゲッティ ナポリタン（下）は、接収時代、2代目総料理長入江茂忠が考案。トマトケチャップではなく、生トマトやトマトペーストで作ったソースと合わせている。本館1階のザ・カフェにて、どちらも不動の人気名物料理

❷ 名物料理

東京ステーションホテル

ホテル特製
黒毛和牛のビーフシチュー

食通たちに愛されてきた伝統の逸品を、再開業を機に、現総料理長の石原雅弘がこれまでのレシピをもとに、さらに洗練された味わいに生まれ変わらせた。小麦粉を極力抑え、野菜をたっぷり使ってじっくり煮込んだデミグラスソースと、赤ワインにしっかり漬け込んで余分な脂肪分を取り除いた和牛肉をあわせた、手間のかかったビーフシチュー。野菜の深い味わいと肉本来の旨味が楽しめる。写真は約10種の彩り野菜やパスタ、パン（ライス）、コーヒー（紅茶）の付いたランチセットで、カメリアでいただける

❸ お菓子

雲仙観光ホテル

ゴルゴンゾーラベイクドチーズケーキ

レモンアイスクリーム

ホテル特製のゴルゴンゾーラベイクドチーズケーキ（上）は午後のお茶や食後のデザートとしても大人気。イタリアを代表する青かびチーズ、デンマーク産のクリームチーズ、長崎の新鮮卵、大牟田の高品質生クリームをたっぷり使って、すべて手作業で作る。ゴルゴンゾーラの塩味、ドライフルーツの香ばしさ、濃い味わいがコーヒーにも赤ワインにも合う。レモンアイスクリーム（下）は創業当時からの名物。アイスクリームとシャーベットの中間の食感で、素朴なおいしさ

❸ お菓子

蒲郡クラシックホテル

ショートケーキ

三河湾に浮かぶ緑の竹島を望みながら、テラスで過ごすティータイムには、やはりクラシカルに、いちごのショートケーキと紅茶がふさわしい。ケーキもおいしいが、じつは、ここのラウンジ・バー アゼリアの紅茶にも注目。世界的にも有名なドイツの老舗ロンネフェルト社の紅茶が常時味わえるのだ。一日限定7杯のみという〝秘密のロイヤルミルクティー〟も一度は味わってみたい G

❸ お菓子

川奈ホテル

フルーツケーキ

人気ナンバーワンのお菓子、ホテル特製フルーツケーキ。しっとりとした生地に、レーズン、クルミ、チェリー、グレープフルーツ、オレンジなどのドライフルーツがたっぷりと入ってボリューム満点。ホテル内のベーカリーで昔ながらの製法で作っている。陽光ふりそそぐサンパーラー（下・→p39）でどうぞ。おみやげ用としても購入できる K

❸お菓子

ホテルニューグランド

プリン・ア・ラ・モード

今や知らない人はいない「プリン・ア・ラ・モード」の発祥はここ、ホテルニューグランド。接収時代、甘いもの好きのアメリカ将校夫人たちのためにパティシエが考案した。当時は高価だったプリンとアイスクリームを生クリームや果物で飾り、ニシンの酢漬け用の器コルトンディッシュに盛り付けた、見た目も華やかなデザートが誕生。ウサギ形の飾り包丁（アローカット）をいれたリンゴもこの時生まれたと言われる。ザ・カフェにて

❸お菓子

東京ステーションホテル

ホテルオリジナル フレンチトースト

ブリオッシュにアングレーズソースをたっぷりしみ込ませ、じっくり焼き上げた逸品！　グラスに飾られたフレッシュフルーツは、フレンチトーストと一緒に食べても、そのままでも。上品な柑橘系の風味のホテルオリジナルフレーバーティー「エバーラスティングストーリー」とのセットがおすすめ。リニューアルにあたってロビー脇に誕生したロビーラウンジ（下）で味わえる

右上／魅惑的な赤に誘われる。酸味があってさっぱりとした味わいの果実酒「シャシャンボ」は、毎年秋、ホテル敷地内に実るシャシャンボの実をリカーに漬け、オレンジのリキュールであるコアントローとレモン汁をあわせたもの。収穫した実の分しか作れない、売り切れ御免のカクテルだ。 ホテルの庭に実をつけたシャシャンボ（右中） 左上／「フラッシュバック」はホテル創業の年にできたドイツのリキュール、イエーガーマイスターをベースに、ジンジャーエールとライムを入れたカクテル

❹ 名物カクテル

雲仙観光ホテル

シャシャンボ
フラッシュバック

シックな大人の空間。モダンな床のタイルは昔のもの（左） 古くからの看板もおしゃれ（右）

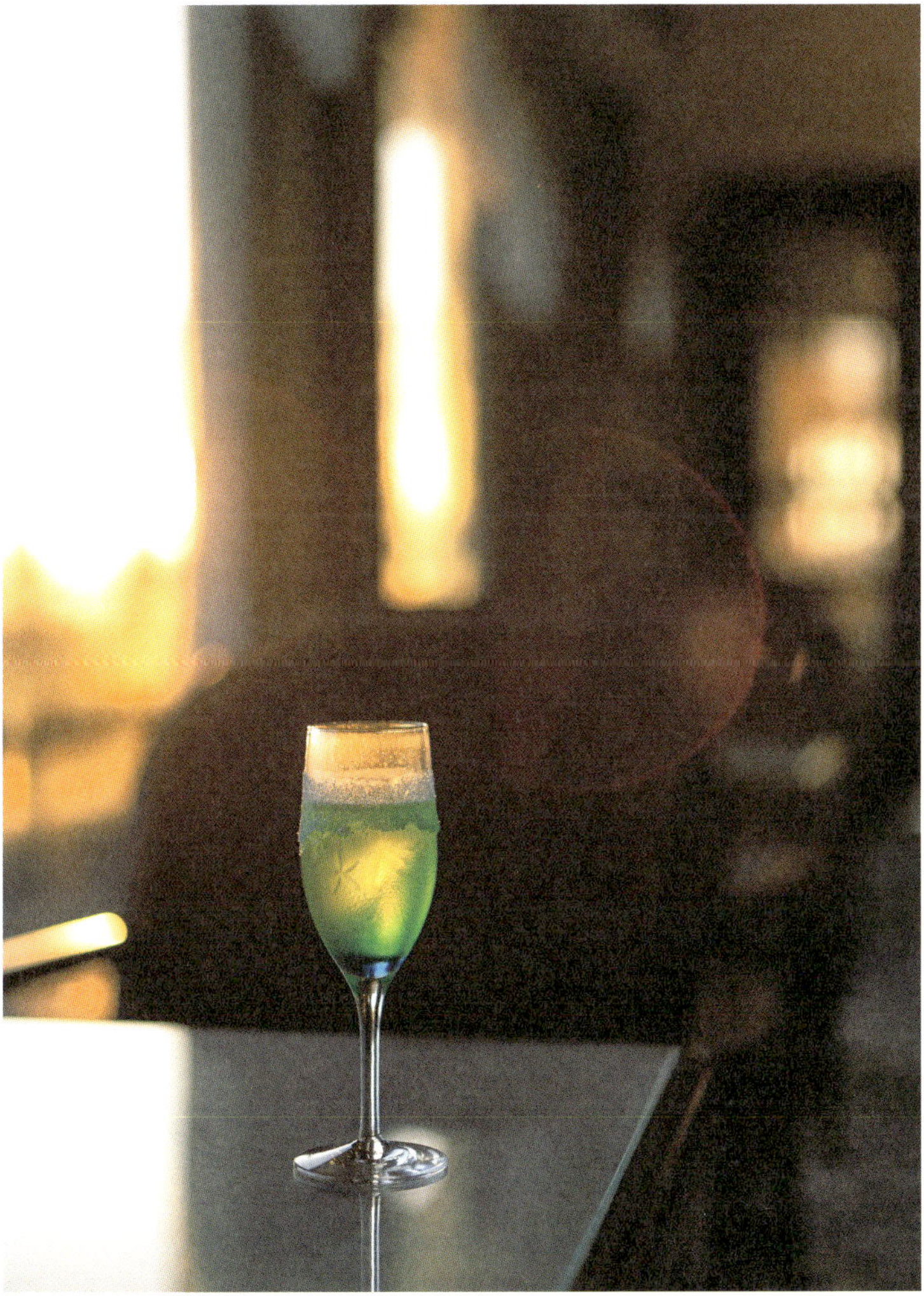

❹ 名物カクテル

蒲郡クラシックホテル

ビーナスアイランド

目の前に望む緑に覆われた竹島と、打ち寄せる波をイメージ。メロンリキュールとパイナップルリキュール、レモンリキュール、ブルーキュラソーなどをあわせた、ちょっと甘めのカクテル。海に落ちる夕陽を見ながらの一杯は格別です

❹ 名物カクテル

川奈ホテル

川奈ホテルスペシャル

バカルディのホワイトラム、コアントロー、レモン汁をあわせ、チェリーを載せたほんのり甘みのある上品なカクテル。大倉喜七郎が留学先の英国で愛飲したカクテルを好みのレシピに変えてつくらせたものとか。ホテル創業時から変わらない味は風格あるバー（下）で

前身ともいわれるグランドホテルのチーフバーテンダー、ルイス・エピンガーが発案した「バンブー」。ドライシェリーがベースの、竹を割ったような辛口

世界的カクテル「ヨコハマ」。横浜港の夕陽をイメージしているのだろうか。ドライジン、ウォッカ、アブサンと、世界の寄港地の酒をすべてあわせて、最後にヨコハマに着いた、という遊びのカクテルであるとか

④ 名物カクテル

ホテルニューグランド

ヨコハマ

バンブー

文化人たちに愛される英国調の正統派バー、シーガーディアンII。かつては道路に面してあったが、タワー創設とともに現在の位置に

こちらは、ホテルカラーの濃藍色が印象的な「1915」。ホテルの100周年を記念してカクテルコンペティションを行ない、多くのお客様から選ばれて誕生したカクテルだ。日本酒ベースにスミレやココナッツのリキュールを加え、レモンとライムの皮を浮かべた見た目も華やかな一杯。バランスの良い甘さを楽しめる

❹ 名物カクテル

東京ステーションホテル

東京駅

1915

1989年、東京駅開業75周年を記念し、名バーテンダー杉本壽が制作したオリジナルカクテル「東京駅」。ジンをベースに、スーズというハーブのリキュール、グレナデンシロップをあわせて、駅舎の赤煉瓦をイメージ。お好みでライムを入れて

東京ステーションホテルのバー、オークにて。駅舎創建当時の赤煉瓦と木の質感を生かした正統派バー。ここは大人がゆっくりくつろぐための場所

さて、どのホテルの何でしょう？

どれも、５つのホテルのパブリックスペースにあるものです。
訪ねたら、ぜひ探してみてください（☞答えは１２７頁にあります）。

1

4

2

5

3

6

10

7

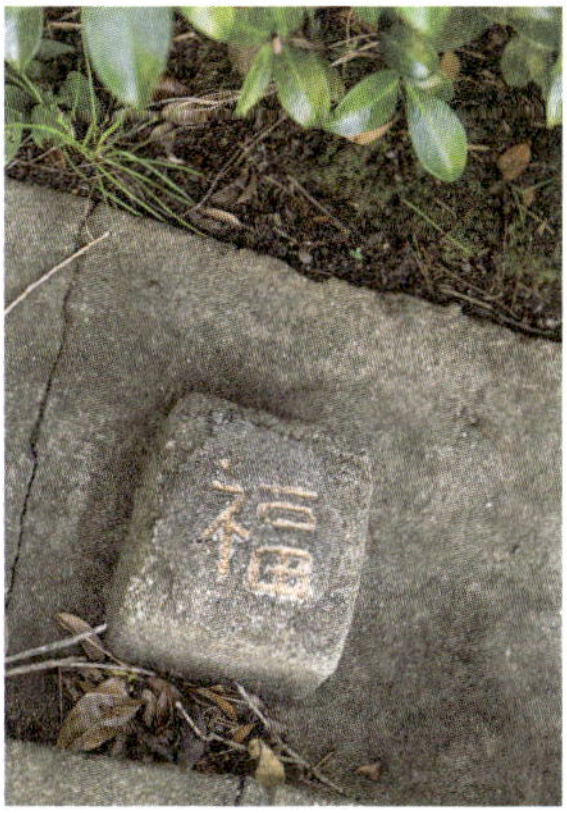

11

8

12

9

第三章

なぜ、日本のクラシックホテルは〝特別〟なのか

そもそも、どういうところに惹きつけられてしまうのだろう——欧米のクラシックホテルや最新のブランドホテルでは決して味わえない、日本のクラシックホテルだけがもつ、唯一無二の独自性と魅力を再発見しよう。

ホテルニューグランド本館にて。歴史を感じさせる重厚なロビーに、街路樹の緑が美しく映えるY

西洋と東洋が競演するテーマパーク

欧米のクラシックホテルと違い、日本のクラシックホテルが独特で面白いのは、西洋式のスタイルと、日本そして東洋の意匠が共存し、絶妙のバランスで、ほかにない世界観を創り出していることにある。

この世界観が希有なものだと、あらためて実感したのは、日本のクラシックホテルを紹介した初めての英語の本『Welcoming The West』の著者、アンドレア・リアーズさんに会った時だ。アメリカ人の建築家で、ハーバード大学でも教鞭をとる彼女は、一九八〇年代に初来日した。その時、河口湖畔の富士ビューホテルを訪れて、独特の建築に魅了され、日本のクラシックホテルの虜になってしまったという。

富士ビューホテルは、昭和初期、国際観光局の特別融資を受けて開業したホテルのひとつである。しかし、アンドレアさんが出会った直後、取り壊され、新しい建物になってしまった。彼女は、ぎりぎりのタイミングで、解体直前の富士ビューホテルを写真に収めた。貴重な写真は、著書に登場する。当時、まだ日本のクラシックホテルは、その特別な意味を理解されていなかったのだと思う。

アンドレアさんの本自体も、それから三十年余りたった二〇一八年に出版された。建築家の本業が忙しかったこともあるというが、八〇年代当時は、変人扱いされて、出版社を含め誰からも相手にされなかったのよ、と彼女は笑った。

日本のクラシックホテルの独特な立ち位置は、彼女の本のタイトルが象徴する。

欧米からのゲストを迎え入れ、楽しませる。日本のクラシックホテルは、そのための装置として誕生した。だから、彼らが快適に過ごせるよう、ベッドや椅子の西洋式スタイルを整え、西洋料理を提供し、一方で迎え入れる空間には、日本を、さらには東洋の意匠を取り入れて、エキゾティックな世界観を創り出したのだ。

重要なのは、外国人の目線を意識したことだ。日

雲仙観光ホテルの大階段踊り場に置かれた椅子は、西洋式家具の先駆的企業、永田家具製

本そのものというよりは、彼らから見た、彼らが期待する日本を表現したのである。

日本だけでなく、東洋全般の意匠が見られる点も興味深い。

たとえば、ホテルニューグランドのロビーには、インドやイスラムを彷彿とさせるデザインもある。港町横浜には世界中の人が来ていたからという説もあるが、私は、富士屋ホテルの経営者だった山口正造の思想が重なってならない。つまり、東洋を代表するホテルとしての自負である。だから、彼は冬になるとアジア諸国を旅して各国の情報を収集し、ホテル建築に生かした。日本のクラシックホテルは、東洋が西洋をお迎えする装置だったのである。

当時、ほかのアジア諸国は、多くが植民地であり、ホテルオーナーも外国人だった。その中で、日露戦争以降、一足早く先進国の仲間入りをした日本の、日本人によるクラシックホテルには、多分にナショナリズムの気概もあっただろう。そのため、アジアのいわゆるコロニアルホテルとも一線を画する。

ホテルニューグランドの隠れた東洋の意匠探しを「隠れミッキー探し」に喩えたけれど、西洋のスタイルに東洋の意匠を競演させ、外国人をエンターテインしようとした日本のクラシックホテルは、まさにテーマパークなのだと思う。

「神はディテールに宿る」

「神はディテールに宿る（God is in the details）」は、ドイツのモダニズム建築の巨匠、ミース・ファン・デル・ローエが好んで使った英語のことわざだ。

芸術作品は、細かいディテールにこそ本質が宿る、といった意味だが、日本と東洋の意匠が巧みに取り入れられた日本のクラシックホテルほど、この言葉がぴったりくる建築もない。全体の雰囲気もさることながら、とにかくディテールが面白い。

しかも単に美しいとか、繊細とか言うだけでなく、思わずくすっと笑ってしまうようなユニークなものも多い。

これは、ゲストを楽しませようという発想があったからだと思う。

ユニークなディテールといえば、真骨頂は富士屋ホテルだが、今回、紹介したクラシックホテルにも

外国人をエンターテインしようとした日本のクラシックホテルは、まさにテーマパーク。

もちろんある。

雲仙観光ホテルのダイニングルームには、達筆の文字で「大仁偶留夢」の書があった。どんな難しい格言かと思いきや、「ダイニングルームですよ」と説明されて、小粋なシャレに笑ってしまった。

ホテルニューグランドのロビーに上がる大階段、マッカーサーゆかりの歴史の舞台には、一見するとブロッコリーのような飾りがある。これは、なんとフルーツバスケット。おもてなしのために考えられた装飾だという。でも、なぜブロッコリーのようにモコモコしているのかは謎である。

東京ステーションホテルでは、改装の際もディテールにこだわった。たとえば、フロント前の床に見える花のモチーフ。これは辰野金吾がドーム天井の装飾に施した花、クレマチスである。建築家へのリスペクトから生まれた、新たなディテールだ。

ディテールが面白いからこそ、いつまでいても、何度来ても、クラシックホテルは新しい発見があって面白い。

ラグジュアリーでありアカデミック

ディテールの面白さは、知識や見識があると、なおさら面白くなる。

つまり、このデザインは、どの国のいつの時代、どんな背景で生まれたものなのか。それがわかると、玉手箱を開けたように、どんどん不思議なものが見つかる。

たとえば、川奈ホテルの階段には、パイナップルの装飾がある。

パイナップルはコロンブスがカリブ海から運んできたのが欧米に紹介された最初とされる。そのため、入植直後のアメリカ大陸では、珍しくて入手困難なパイナップルは、おもてなしの象徴とされたのだった。以来、欧米では、パイナップルはホスピタリティの象徴である。

世界各地を旅した創業者の大倉男爵も、この話をどこかで聞いたのだろう。

クラシックホテルのうんちくは、オーナーやホテルを訪れた賓客のエピソードともつながり、さらに

ホテルに泊まること、
それ自体が目的となる旅のかたち。

は歴史とリンクする。ホテルニューグランドとマッカーサーのエピソードが物語るように、ホテルは数々の歴史の舞台にもなった。歴史マニアにとっても、こんな面白いところはない。

こうした魅力を「ラグジュアリーでありアカデミック」と称したのは、東京ステーションホテル総支配人の藤崎斉さん。クラシックホテルというと、敷居が高くて贅沢なイメージがあるかもしれないが、知的好奇心を満たしてくれるアカデミックなホテルこそがクラシックホテルなのだ。

連泊したくなる

知れば知るほど奥が深くて、新しい発見があるクラシックホテルでは、あっという間に時間が過ぎてしまう。天井にも階段にも床にも見どころがあるから、館内探検だけでも忙しいのに、アフタヌーンティーはしたいし、バーにも行きたい。

だから、連泊したくなる。そして、連泊しても飽きることがない。

もともと日本のクラシックホテルは、遠い外国から訪れて長逗留したり、避暑や年末年始の長い休暇を過ごすライフスタイルを想定して誕生した。

だから、パブリックスペースに図書室があったり、ビリヤード室があったり、館内でゆっくり過ごすための施設が充実している。カレーライスなどランチ向きの名物料理が多いのも、またクラシックホテルの特徴である。

一方、一泊二日が基本の日本旅館では、連泊して昼間も館内で過ごしたり、ランチをする場所がないことが多い。そうした過ごし方を想定していないのだから仕方ない。

さらに、クラシックホテルの魅力は、時間の経過によって、表情が変化するところにある。たとえば同じダイニングルームでも、夜と日中で表情が違うのはもちろん、朝の光と真昼の光では、まったく違う雰囲気になる。

だから、日帰りではなく、宿泊しないと、その魅力はわからない。しかも、夕方にチェックインして、朝にチェックアウトするような駆け足の旅では、たとえ宿泊しても、クラシックホテルの多彩な表情を見逃してしまう。

蒲郡クラシックホテル、桜の間のシャンデリアは、開業当時からそこにある

昔の旅人のように一週間、一ヶ月滞在しなくてもいい。せめて二泊してみてほしい。それが無理なら、チェックイン前かチェックイン後にランチを楽しんでほしい。丸々二十四時間をホテルで過ごしてみると、古き良き時代の時間の営みが、少しわかると思う。

旅の目的地になる

　クラシックホテルをめぐる旅では、ホテルでやること、見るべきものが多すぎて、いつも周辺の観光が後まわしになってしまう。

　チェックインからチェックアウトまで、ホテルの敷地内から一歩も出なかった、なんてことがよくある。

　川奈ホテルのようなゴルフリゾートはともかく、都市ホテルでさえも、自然とそうなってしまうのは、クラシックホテルが旅の目的地になるからだ。

　その土地に行くから、そのホテルに泊まるのではなく、クラシックホテルという目的があって、行き先が決まる。

　最近、各旅行会社でもクラシックホテルをめぐる旅が盛んに企画され、私も同行講師などを務めることがある。こうした企画旅行では、多少は周辺観光もするのだが、それでも、主役はあくまでもホテルである。

　ホテルに泊まること、それ自体が目的となる旅のかたち。クラシックホテルでは、ぜひそれを実践してみてほしい。

スペックよりストーリー

　東京ステーションホテル総支配人の藤崎さんの言葉で、もうひとつ、思わず膝を叩いたのが「スペックよりストーリー」だ。

　最近のラグジュアリーホテルは、客室面積の広さなど、とかくスペックで価値がはかられる。歴史あるクラシックホテルは、その基準で判断すると、最新の外資系ホテルに負けてしまうことが多い。

　でも、ホテルをめぐるストーリーならば、決して

川奈ホテルのバーの床には、こんなモダンなデザインのタイルが〝隠されて〟いる K

負けない。ホテルの歴史そのものに、建築に、装飾に、歴史を重ねてきた分、数え切れないほどの物語が存在する。それこそがクラシックホテルの価値なのである。

ところで、スペックといえば、こんな面白いエピソードがあった。

日本のクラシックホテルの取材時、ホテルスタッフにこんなことを言われたのだ。

「客室の床面積は、あまり広くないかもしれないけれど、天井は高いんです。平方メートルではなく、立方メートルで量ってもらったら負けませんよ」

その直後、たまたまイタリア、コモ湖畔にあるクラシックホテルを取材する機会があった。すると客室の撮影をしていた時、イタリア人のホテルスタッフに全く同じ台詞を言われたのだった。

床面積は狭くとも、天井高だったら負けない。スペックにも、クラシックホテルならではの強いところがある。それが日本とヨーロッパで共通していた。遠い地球の裏側で、関係のないホテル同士が、何の打ち合わせもなく、全く同じ台詞を言った。クラシックホテルは面白い、と思った瞬間でもあった。

でも、もし彼らに、本当に価値があるのは天井高よりホテルのストーリーですよね、と話したなら、もっと笑顔になって同意したに違いない。

天井の高さ以上に、その天井の装飾に、シャンデリアのデザインにこそ、物語はあるに違いないのだから。スペックよりストーリーというセオリーは、日本のクラシックホテルに限らず、世界のクラシックホテルに共通する魅力ではないだろうか。

いい意味で「無駄」がある

スペックでは、クラシックホテルは不利と思われがちだけれど、ホテル全体で見れば、その空間自体が狭い訳ではない。

ロビーなどのパブリックスペースは、むしろゆったりしている。

しかもそこには、見事な飴色に磨かれた年代物の椅子が、メンテナンスに大変な手間がかかっているだろうに、ごく自然にさりげなく、どうぞご自由にお座りくださいと、おいてある。下世話な話をすれば、ロビーだから座ってお金がかかる訳でもない。

一見「無駄」にみえるゆとりこそが、クラシックホテルならではの贅沢。

廊下が長い、広い。見方によっては無駄なくらいに。

時には、蒲郡クラシックホテルの廊下にある、小上がりに似た畳敷きの小部屋のように、用途不明の（もちろんかつては、きちんと用途があったのだろうが、それが忘れ去られている）不思議なスペースがあったりする。

上り下りするだけの機能を越えた、存在感たっぷりの階段がある。

珍しい装飾やステンドグラスが途中にあったり、階段の何段目かがとっておきの撮影スポットだったりして、つい意味もなく上り下りしてしまう。

階段なんて、エレベーターがあれば、ほとんど役割はないはずなのに、クラシックホテルでは、空間の主役を張っている。

広さが料金に反映する客室よりも、こうしたパブリックスペースが広いのは、経営の視点から見れば、効率的ではないかもしれない。でも、そうした一見「無駄」にみえるゆとりこそが、クラシックホテルならではの贅沢なのだ。

ホテルをこよなく愛するスタッフがいる

クラシックホテルで働く人には、何となく共通点がある。そのホテルをこよなく愛するスタッフが多いことだ。

長年勤めているベテランは、ホテルが人生そのものなのだろう、わが家のように、家族のように愛しんでいる。いぶし銀を思わせる後ろ姿。彼らの存在そのものが、ホテルの雰囲気の一部になっている。

新しいホテルに就職する選択肢もあっただろうに、クラシックホテルを選んだ若い人たちは、異次元のような空間に魅せられて、そこにいるのが楽しくてしかたないと目を輝かせる。勤続年数が短いからといって、愛が浅い訳では決してない。むしろ新鮮な視線で、新しい魅力を発見する。

そして、クラシックホテルであれば、どこでもたいてい一人はいる歴史マニア。誰から頼まれた訳でもないのに、どうでもいいような些細なものまで探し出してくる。でも、その情熱が、時に歴史的な発見に結びつくこともある。ちなみに私は、こうした

スタッフとのコミュニケーションは、クラシックホテルを何倍も楽しくする。

歴史マニア系スタッフと話をするのが、クラシックホテルを訪れて最も楽しい時間だ。

それぞれにタイプは違うけれど、みんなホテルを愛している。

クラシックホテルは、そもそも伝統と格式ある日本を代表するホテルである。だから、受け継がれてきたサービスは、細かいところまでゆき届いて間違いがない。でも、それにプラスして、クラシックホテルのホスピタリティには、人の心を思う温かさがある気がする。根底にあるのは、ホテルそれ自体への愛なのかもしれない。

そして、クラシックホテルでは、お客もホテルをこよなく愛している。

少なくとも普通のホテルより、ただ泊まるためではなく、こだわりをもって、ホテルを訪れる人が多い。だから、スタッフとお客がホテルの話題で盛り上がることもある。お客の案内がそのまま館内ツアーになってしまうこともある。こうした時間も、もしかしたら、ある種の「無駄」かもしれない。でも、もてなし、もてなされる関係を越えて生まれる、ホテルへのシンパシーこそが、クラシックホテルの神髄なのだ。

スタッフとのコミュニケーションは、クラシックホテルを何倍も楽しくする。

博物館ではない

明治村にある帝国ホテルライト館に行くたび、思うことがある。

見事に再生された巨匠の建築は美しく、圧倒されるけれど、でも、やっぱりここはホテルではない。喫茶室もあってお茶も飲めるけれど、それでもホテルではない。博物館だ。

ホテルは、宿泊、飲食といった人の営みに不可欠なことを提供する。営みは淡々と二十四時間続き、また次の二十四時間が続く。それは、戦争や災害といった一大事にあっても、ホテルが全壊しない限り変わらない。たとえ国の支配者が変わっても、ダイニングテーブルに真っ白なクロスをかけ、ナイフ、フォークを整える作業は、変わらず続けられる。

もてなす人がいて、もてなされる人がいる。その人たちが誰になろうと、ホテルとしての営みがある

ホテルニューグランドのレインボーボールルームの絨毯には、「フェニックス」が織り込まれている

限り、ホテルであり続ける。そうした時間の積み重ねの結果、幾多のストーリーが生まれ、クラシックホテルと呼ばれるようになる。

そのかわり、ホテルとしての営みがなくなってしまったら、どんなに素晴らしい建築であっても、魂が抜けたようになってしまう。

ライト館以外にもホテルとして使われなくなってしまった元ホテルはいくつかある。

ホテルとしての営みを失った建物は「箱」でしかなく、いつも少し寂しくなる。

博物館みたい、と言われないように、クラシックホテルはパシッとメンテナンスしてもらいたいけれど、でも、現役のホテルであること、それだけで、価値がある。歴史上の人物が泊まった時代から、継続した時間の営みの先に今がある。そう想像すると、ぞくぞくするような気持ちになる。

クラシックホテルは博物館ではない、だから面白い。

オムレツが美味しい

クラシックホテルの名物はいろいろあるけれど、朝食のオムレツは、どこでも間違いなく美味しい。しかも見た目も完璧である。

そして、オムレツの美味しさ、美しさは、海外と比べて日本のクラシックホテルに断然軍配があがる。海外のホテルもあちこち泊まったけれど、日本のホテルほど、正確には日本のクラシックホテルほど、オムレツのレベルが高いところはないと思う。

オムレツは、フランス料理の基本だといわれる。

そのオムレツが美味しいということは、日本のクラシックホテルは、料理の基本が正しく継承されているということだ。

同じクラシックホテルでも、実は欧米では、昔ながらのレシピはあまり継承されていない。良くも悪くも料理のテイストは新しい。建築の改装もアバンギャルドな冒険をするところが多いのだが、それ以上に食が革新的で、伝統を継承していない。

アジアやアフリカなど、欧米から距離が離れているところほど、クラシックホテルは食が保守的な傾向があるように思う。地域的な特性もあるのだろうが、カレーが名物というのもアジアやアフリカのクラシックホテルに共通している。カレーの本場で、外国人の好みにあわせてお洒落に供したのがルーツらしい。それが伝播したから、日本のクラシックホテルではカレーが名物のところが多いのだろう。

オムレツに象徴される昔ながらの正統な料理が美味しいのは、日本のクラシックホテルの世界に誇るアドバンテージだと思う。ぜひ堪能してほしい。

ストーリーのあるカクテルがある

クラシックホテルを象徴するベテランスタッフは、なぜかバーテンダーに多い。

そして、有名なカクテルも、ホテルのバーで生まれたものが多い。

たとえば、マティーニは、一九一〇年代にニューヨークのニッカーボッカーホテルで生まれ、そのバーテンダーの名前が起源とされる。レシピ自体はオリジナルから変化したが、名前は受け継がれて、スタンダードカクテルとなった。

東洋をイメージしたスタンダードカクテル「バンブー」は、ホテルニューグランドの前身ともいえる横浜の旧グランドホテルで誕生した。サンフランシスコ出身のバーテンダー、ルイス・エピンガーが「外国人にとっての日本のイメージ」を表現したのだとか。ベースはドライシェリー。竹を割ったようにすっきりした味わいは、まさにバンブーだ。明治時代、横浜で生まれたカクテルは、イギリス植民地のシンガポールからインドへ、さらにヨーロッパからニューヨークへと広がり、スタンダードカクテルになったという。

ホテルニューグランドの「シーガーディアンII」で、バンブーを作ってくれたチーフバーテンダーの太田圭介さんは、もうひとつの東洋を象徴するスタンダードカクテル「ヨコハマ」について、こんな推測をする。

「ジン、ウォッカ、アブサンとベースに三種類のお酒が入っています。昔はベースのお酒は一種類にするのが普通でしたから、客船のバーテンダーとお客さんが遊びで作ったカクテルだと思うんですよ。イ

クラシックホテルのバーに カクテルが似合うのは理由がある。

ギリスのジン、ロシアのウォッカ、フランスのアブサン、世界一周航海して、ヨコハマに着いたイメージだったんじゃないでしょうか」

横浜入港時の夕陽をイメージしたというカクテルは、港を望むホテルニューグランドによく似合う。東京ステーションホテルの杉本さんが考案した「東京駅」も、いつか東洋を代表するスタンダードカクテルになるかもしれない。

クラシックホテルのバーにカクテルが似合うのは理由があるのだ。

差別化でなく独自性

日本のクラシックホテルを率いる総支配人の方々に話を聞いて、何人かから共通して出てきたキーワードがあった。それは「独自性」である。

マーケティングでは、よく差別化という言葉が使われるけれど、差別化には、競争相手が存在する。そうではなくて、比較対象のない唯一無二の価値が、日本のクラシックホテルにはあるということだ。

東京ステーションホテルの新しい象徴、アトリウムの一角に展示される、往時の東京駅を描いた絵

実際、今回紹介した日本のクラシックホテルは、同じ時代背景で生まれたにもかかわらず、それぞれのホテルが全く似ていない。ほかのどこかに似たホテルがある訳でもない。

昭和の時代、ホテルの創業者は、手っ取り早く稼ごうなんて夢にも考えず、手間暇かけていいものを探し、知識と遊び心をかけあわせ、東洋を代表する気概をもって、ホテルを創り上げたからだろう。

それに比べると、最近のホテルの似ていること。金太郎飴のようにそっくりなホテルが日本中、世界中にある。唯一無二の独自性は、クラシックホテル、特に日本のクラシックホテルにとって最大の特徴ではないだろうか。

エピローグ

この数年、日本の観光をめぐる大きな出来事といえばインバウンドブームだろう。二〇一八年は、地震や台風など災害が多かったにもかかわらず、三千万人を突破した。日本は今、歴史上、かつてないほどの観光立国になりつつある。

そうしたなか、日本のクラシックホテルを利用する客の外国人比率は平均して低い。その昔、外国人のために創業したことを考えると、不思議な逆転現象である。

一九六〇、七〇年代を境に外国人客が減り始め、以来、クラシックホテルは、日本人客に愛されて歴史を重ねてきた。このインバウンドブームが始まるまで、高度経済成長やバブル経済といった国内需要に支えられ、日本の観光は、世界でも稀なガラパゴス状態にあった。そのひとつがクラシックホテルだったのかもしれない。

昭和の時代からの顧客が少しずついなくなった一方、その子供たちやウェディングの客層から熱烈なクラシックホテルファンが生まれ、歴史と価値を知る年代層が、かつての憧れであったホテルに来るようになった。

日本人に愛される日本のクラシックホテル。

もちろん、それはそれでいいのだけれど、世界各地を旅し、世界のホテルを取材することの多い私は、その存在が外資系ホテルに比べて海外で知られていないことに、ときどき少し悲しくなる。国内での知名度に比べ、そのギャップは大きい。

だから、東京ステーションホテルが、トリップアドバイザーの国内の人気ホテルランキングで、外資系に互してトップ5に入ったなどと聞くとうれしくなる。

もっともっと世界の人たちに知られてほしいと思う。

世界のあちこちに出かけては、ときどき日本のクラシックホテルに立ち返る。富士屋ホ

ホテルニューグランド本館2階正面のエレベーター上部を飾る、京都の川島甚兵衛が手がけた綴織「天女奏楽之図」。開業時から変わらない優美なホテルの〝貌〟である

テルの創業家に生まれ、クラシックホテルの本をいくつも書いてきた私だが、それが今の私の立ち位置だ。最新のホテルにも泊まるし、子供の頃はホテルばかりだったけれど、今は旅館にもよく泊まる。

『百年の品格 クラシックホテルの歩き方』を書いた時より、個人的なノスタルジーをこえて、クラシックホテルを見るようになった気がする。家族の思い出さえも、湿っぽい感傷がなくなって、ホテルをめぐるストーリーのひとつとして俯瞰している私がいる。私自身が年齢を重ねたせいもあるのだろうか。

だからこそ、見えてくるものがある。

歯がゆい気持ちになったり、辛口の意見がつい出てくることもあるけれど、実はあらためて気づかされた長所のほうがずっと多い。

海外にさんざん行ったからこそ、日本のクラシックホテルのオムレツの美味しさに気づかされた。かつて見慣れていた建築や装飾が、どれほど唯一無二で面白いか、あらためて実感するようにもなった。

日本のクラシックホテルは、日本人の誇りが凝縮した最強のコンテンツだと思う。

戦争が迫る昭和初期に生まれたホテルは、より完成度が高いとともに、ことさらに日本人としての矜持が見え隠れして考えさせられる。

だからこそ、もっといろいろな人にその魅力を知ってもらいたい。プロローグでふれたような若い年齢層のファンに出会ったり、外国人の建築家が思わぬところでその価値を認めていた、なんて話を聞くと本当にうれしい。

この先も未来永劫、日本のクラシックホテルに存在し続けてほしいから。

5つのクラシックホテル詳細データ

雲仙観光ホテル U

〒854-0621　長崎県雲仙市小浜町雲仙320
☎0957-73-3263
www.unzenkankohotel.com/

長崎空港からレンタカーの場合、長崎自動車道で諫早IC、国道57号経由で約1時間30分。長崎空港―諫早駅―ホテル間の送迎サービスあり（所要約1時間30分。前々日16時までに要予約）
全39室／宿泊料金　41,580円（入湯税別途）～／一人での宿泊　可

Memo
古くから外国人避暑地として親しまれ、良質な温泉に恵まれた標高700mの地に、1935（昭和10）年創業。2003年、国の登録有形文化財に登録。客室はスタンダードから特別室まで10タイプ。

蒲郡クラシックホテル G

〒443-0031　愛知県蒲郡市竹島町15-1
☎0533-68-1111
www.classic-hotel.jp

東海道新幹線豊橋駅でJR東海道本線に乗り換え、蒲郡駅へ。蒲郡駅からタクシーで約5分。豊橋駅からはタクシー約30分
全27室／宿泊料金　11,500円（朝食付）～／一人での宿泊　可

Memo
渥美半島、知多半島に囲まれた三河湾国定公園の中心、三河湾を一望する高台に建つ。1934（昭和9）年開業。天然記念物の竹島を眼前にする絶景と、地元の幸を活かした食事も楽しみ。

川奈ホテル K

〒414-0044　静岡県伊東市川奈1459
☎0557-45-1111
www.princehotels.co.jp/kawana/

東海道新幹線熱海駅でJR伊東線に乗り換え、伊東駅へ。伊東駅からタクシーで約15分。伊東駅―ホテル間の送迎サービスあり（要予約）
全100室／宿泊料金　11,880円～／一人での宿泊　可

Memo
温暖な気候に恵まれた伊豆・川奈に建つ。1936（昭和11）年の開業以来、多くの賓客に愛されてきた。大島コースと富士コースを有し、世界中のゴルファーを魅了し続けている。

＊データは2019年2月現在のものです。宿泊料金は、レギュラーシーズン（オフシーズン）の平日、1室2名利用でのルームチャージ（消費税・サービス料込み）です。各ホテルとも、食事付きなど各種プランを用意しているので、ホームページ等で必ずご確認ください。

ホテルニューグランド

〒231-8520　神奈川県横浜市中区山下町10
☎045-681-1841
www.hotel-newgrand.co.jp

みなとみらい線元町・中華街駅1番出口から徒歩1分
全240室／宿泊料金　45,144円～／一人での宿泊　可

Memo
港町横浜、山下公園の目の前に、1927（昭和2）年開業から変わらぬ佇まいを残す本館は、マッカーサー元帥、喜劇王チャップリンのほか、大佛次郎をはじめ多くの文化人を迎えてきた。1991年にニューグランドタワーがオープン。

東京ステーションホテル

〒100-0005　東京都千代田区丸の内1-9-1
☎03-5220-1111
www.tokyostationhotel.jp

JR東京駅丸の内南口改札（1階）に直結
全150室／宿泊料金　38,232円～／一人での宿泊　可

Memo
1915（大正4）年、東京駅丸の内駅舎の中に誕生。駅舎の保存・復原工事を経て2012（平成24）年リニューアルオープン。日本で唯一、国指定重要文化財の中に宿泊できるホテル。10のレストラン＆バーやフィットネス＆スパを有する。
※2019年4月に宿泊料金変更

110～111ページのクイズの答え

❶東京ステーションホテル、カメリア前のパサージュ壁面に掲げられた「時代抄」。東京駅創建時の南ドーム石膏レリーフをアートワークにして展示
❷川奈ホテル本館2階と3階をつなぐ階段の欄干部分の装飾。ホスピタリティの象徴であるパイナップル
❸ホテルニューグランド本館2階ロビー、東洋風伽藍の吊り灯籠
❹③と同じ、本館ロビーに置かれた横浜家具の肘掛椅子の手摺り部分。触れると幸福が得られるとの言い伝えも！
❺蒲郡クラシックホテル庭園内に建つ六角堂の屋根のてっぺんの装飾
❻雲仙観光ホテルの入口ドアの把手部分。毎日丁寧に磨き上げられてぴかぴか
❼ホテルニューグランド本館2階ロビーの一角にある石造レリーフ。古代インドのカーマ・スートラ（性愛論書）に基づく装飾とか
❽蒲郡クラシックホテルの玄関（車寄せ）の屋根の吊り灯籠
❾東京ステーションホテルのロビー床の大理石に嵌め込まれた、真鍮製のクレマチスの花。復原された南北ドームのレリーフにあるクレマチスをデザイン化したもの
❿蒲郡クラシックホテルの玄関屋根に施された松の装飾
⓫蒲郡クラシックホテル庭園内に埋め込まれた石には、「福」「寿」「幸」「夢」などおめでたい文字が刻まれている
⓬ホテルニューグランド本館大階段の手摺りの装飾。フルーツバスケットをあらわしている

本文デザイン　中村香織

写真撮影　青木登（新潮社写真部）

装幀　新潮社装幀室

昭和《しょうわ》の品格《ひんかく》
クラシックホテルの秘密《ひみつ》

発行　2019年3月30日

著者　山口由美《やまぐちゆみ》
発行者　佐藤隆信
発行所　株式会社新潮社
〒162-8711
東京都新宿区矢来町71番地
電話　編集部　03-3266-5611
読者係　03-3266-5111
https://www.shinchosha.co.jp
印刷所　半七写真印刷工業株式会社
製本所　加藤製本株式会社

ISBN978-4-10-469204-0 C0095